KB200612

하나님 아이로 키워라

하나님 아이로 키워라

박현숙

규장

세속 문화를 이기게 할 양육법

우리 부부는 사랑하는 박현숙 간사님을 아주 오랫동안 알고 지내왔
다. 그녀가 결혼을 하고, 자녀를 양육하며, 남편과 함께 기쁘게 사역
하는 모습을 가까이서 지켜보며 감동하고 응원하는 가운데 오늘에
이르렀다. 그들의 목회와 삶이 얼마나 아름다운 조화를 이루는지 모
른다.

나는 하나님나라의 맥락에서 자녀를 선물로 여기는 저자의 태도에 깊
은 감명을 받았다. 저자의 자녀들은 그들 부부에게 주시는 하나님의
선물임이 확실하다. 그들의 어린 자녀들이 커가면서 이제는 하나님나
라의 확장을 위해 하나님께 드려지는 귀한 선물이 되고 있다.

저자의 양육법은 매우 성경적이며 영향력 있는 조언을 기반으로 하고
있는데, 자녀가 하나님께 감사하고, 조부모님과 어른들 그리고 가족
과 이웃에게 감사하는 마음을 키워가도록 양육한 모습이 인상적이었
다. 자녀들에게 어려서부터 감사하는 마음을 갖도록 도와주는 것은
분명 후에 세상에서 승리하는 비결이 될 것이다. 무엇보다 하나님의
부르심을 이루는 과정에서 청소년들을 탈선하도록 만드는 반신적인
(anti-God) 세속적 문화와 사탄의 계획을 이겨내도록 돕는 무기가 될
것이다.

나는 세상의 모든 부모들과 예비 부모들이 이 책을 읽기를 바란다. 하

나님께서 세상을 변화시키기 위해 사용하실 새로운 세대를 양육하기로 헌신한 모든 이들이 꼭 읽어야 할 책이라고 생각하기에 확신에 찬 기쁨으로 강력하게 추천한다.

오대원 목사 David E. Ross 한국 예수전도단 설립자

하나님나라 군사를 세우는 부모

나는 저자와 지난 30년간 교제를 하였다. 결코 적지 않은 기간이다. 그것도 그저 아는 정도가 아니라 함께 울고 웃으며 사역을 했다. 저자와 저자의 남편 홍장빈 목사는 참으로 경건한 사람들이다. 주님을 뜨겁게 사랑하며, 어떻게 효과적으로 사람들을 사랑하고 섬겨야 하는지를 아는 지혜가 있다. 나는 저자가 경건한 삶을 통해서 많은 사람들에게 영향을 끼치는 모습을 보면서 참으로 즐거웠다. 언제나 먼저 기꺼이 희생을 선택하여 함께 일하는 사람들에게 본을 보임으로써 주위에 감동을 주었다.

저자는 늘 조용히 그 자리에 있었다. 그러나 그 내면은 항상 밝고 긍정적이고 힘이 있었다. 많은 말을 하지 않을지라도 겸손하고 조용한 성품으로 주변 사람들에게 영향을 미쳐 분위기를 안정되게 하였다.

나는 저자의 세 자녀가 태어날 때부터 어느 정도 성장할 때까지 곁에

서 지켜보았다. 이제는 결혼하여 어엿한 가장이 된 큰아들과 겉사람만큼이나 내면이 참으로 아름다운 딸 그리고 용사처럼 견고한 막내아들을 보고 있다.

처음에 세 아이들을 집에서 교육시킬 때는 약간의 걱정과 우려의 눈길을 보내기도 했다. 저자가 대학에서 국어를 전공하고 총명한 사람이어서 어느 정도 안심을 했지만 어떻게 아이들이 공교육을 뛰어넘는 훌륭한 모습으로 성장할 수 있을지 궁금했다. 물론 마음 깊은 곳에서는 이들 부부가 기도하는 사람이고, 하나님의 말씀을 사랑하며, 세상을 바라보는 안목이 깊고 넓어서 기대하는 마음이 더 컸다.

시간이 흘러 아이들이 성장하여 한 명씩 제주 열방대학에 들어와 훈련을 받게 되었는데, 나는 그 모습을 보면서 큰 위로를 얻었다. 그때 내가 열방대학에서 사역을 하고 있었기에 자녀들이 어떻게 예수 그리스도께 반응하는지를 세밀하게 볼 수 있었다. 게다가 막내아들 영찬이가 당시에 갓 출범한 열방대학 부설 기독학교의 중학교 1학년으로 들어왔다. 하나님께 반응하는 모습이나 동료 친구들을 대하는 모습에서 성숙함이 엿보였다. 나는 저자의 세 아이들이 어떻게 하나님의 말씀에 반응하는지를 살펴보면서 이 아이들의 하나님나라를 향한 열정과 헌신 그리고 겸손함을 잃지 않는 모습을 통해 이들 부모의 수고를 여실히 볼 수 있었다.

이제 저자는 그동안 자신이 알고 이해하며 적용하여 살아왔던 내용을 책으로 펴내게 되었다. 나는 이 책이 발간되는 것을 기쁘게 생각한다. 이 책을 통해서 많은 사람들이 용기와 격려와 도전을 받을 것을 믿기 때문이다. 이 땅의 다음 세대에 하나님의 일꾼들이 용사처럼 우리 주 예수 그리스도께 헌신하는 모습을 그려본다. 이 책이 하나님나라의 군사를 세우는 일에 큰 도움을 줄 것이라고 여겨서 기꺼이 강력한 추천을 한다.

홍성건 목사 NCMN 대표, 제주 열방대학 설립자

───

이 가정이 평안하고 행복한 이유

지금 한창 어린아이를 키우는 젊은 엄마들에게 이 책의 이야기와 주인공들은 어떻게 느껴질까? '전설의 고향'까지는 아니겠지만 영화 〈국제시장〉급으로 보는 건 아닌지 모르겠다.

"감동적이야. 그러나 그들이니까 그렇게 살 수 있었던 거야! 난 자신 없어."

아무리 세상이 달라지고 시대가 변해도 여자가 엄마가 되면서 겪는 '그 모든 것들'은 비슷할 것이다. 아기를 처음 만났을 때의 환희는 강렬했으나 짧게 끝나고 이어서 펼쳐지는 그 고생길이 말이다.

잠 못 자는 날들이 이어지며 먹이고 재우는 건 차라리 애교였다. 아이가 커가면서 '중요한 문제이니 잘 선택하라'는 일들이 쉬지 않고 다가왔지만 엄마인 내게는 기준도 없고 자신도 없어, 걱정만 가득했다. 불안한 마음을 다잡고 선택을 하지만 아이는 따라오지 않겠다고 손을 빼고 달아난다. 자식을 두고 하루에도 몇 번씩 천국과 지옥을 오가는 이 곡예사 신세는 내가 천국에 가야 비로소 끝이 날 것 같다. 이 모든 시행착오, 그에 따른 결과 그리고 책임, 게다가 남의 집은 다 술술 잘 풀리는 것처럼 보이고 나만 헤매고 있는 것 같은 자녀양육의 이 애타는 십자가가 어서어서 벗겨지기를. 천국에서는 제발 내 자식의 삶이 내 눈에 보이지 않기를!

십 년도 더 전이었다. 유치부 예배를 마친 큰아이를 데리러 가서 보니 옷은 다 삐져나와서 제멋대로 펄렁거렸고 양말은 벗어던진 채로 머리는 땀투성이가 되어 뛰어놀고 있다. 불러도 나오지 않고 계속 돌아다니는 아이를 그날따라 맥이 빠져서 지켜보고 있었다. 그때 옆에서 어떤 분이 먼저 인사를 해오셨다. 밝고 따뜻한 미소, 부드럽지만 강한 눈빛, 안정감 있는 목소리의 낯선 분이었다. 이어서 놀라운 말씀을 하셨다. 우리 큰아이가 자신의 큰아들과 비슷한 것 같은데 이런 아이들에게는 홈스쿨이 좋은 것 같다고 하시고는 막내아들을 찾아서 데리고 사라지셨다.

내게 홈스쿨을 추천해주신 분이 바로 이 분, 이 책의 저자 박현숙 선교사님이다. 그때 그렇게 처음 만난 분에게서 우리 아이 진단과 앞으로의 학습방향을 제시받았는데, 나는 단박에 신뢰가 갔다. 이유는 글쎄, 그 눈빛 때문이었을까. 이제는 그녀를 좀 안다. 매우 진실하고 솔직한 여자다. 그렇다고 섣부르거나 성급하지 않고, 남다른 경험을 앞서 했다고 해서 매사에 가르치려 드는 사람도 아니다. 값진 진주를 얻기 위해 가진 것을 다 팔아버릴 배짱 있는 여자다.

이러한 그녀만의 특수성 위에 복음의 보편적 은혜가 듬뿍 입혀진 그녀만의 이야기가 책으로 엮어졌다. 온통 부모와 자식 사이의 전쟁과 난리의 소문이 흉흉한 이 시대에 이 책엔 웬 평화란 말인가. "어떻게 이렇게 평안하게 할 수 있지?" 독자들은 이게 가장 궁금할 것이라고 생각한다. 그들이 어떻게 그렇게 살 수 있었는지, 그 이유가 무엇인지, 그 에너지와 용기는 어디에서 오는지가 궁금할 것이다. 나는 그 이유가 무엇인지 밝히면서 추천의 글을 대신하겠다.

이들이 이렇게 다르게 살 수 있었던 건 복음 때문이다. 많이 배우고 많이 가져서가 아니다. 우리에게 주신 하나님의 말씀에 계시된 복음과 예수 그리스도를 있는 그대로 받아들여 믿었기 때문이다. 하나님만을 섬기라고 하면 하나님만을 섬기고, 예수님을 구주로 믿으라고 하면 그렇게 믿고, 이 복음을 다른 이에게 전하라고 하면 전하고, 기도에 힘쓰라고 하면 힘써 기도하고, 사랑하라고 하면 사랑하고, 미워해야 할 것을 말씀하시면 미워하고, 버려야 할 것을 말씀하시면 아까워도 버리고, 죽어야 할 것을 말씀하시면 죽음을 각오하는 순종이 이들이 다르게 살 수 있는 힘이요, 에너지요, 용기가 되었다. 복음에는 사람을 변화시키고 세상을 변화시키는 힘이 있다는 말씀이 이루어진 것이다.

이들은 새롭게 태어난 사람들이다. 그들의 눈에는 보이는 것이 따로 있다. 그래서 주저 없이 선택할 수 있고 고난과 유혹이 다가와도 "좀 비켜줄래?" 하면서 당당히 자신들의 길을 갈 수 있는 것이다. 이런 사람이 하나님의 백성이요, 천국시민이다. 하나님께서 이런 사람들에게 평화를 주시고 사랑을 주시고 소망을 주시니 그들이 행복한 것은 당연하다.

나는 자주 이 책 속으로 산책을 나서보려고 한다. 어마어마해 보이는 그녀의 이야기 뒤에 가려진 인간적인 떨림을 찾아내고 그녀도 나처럼 약한 여자였던 순간과 그런 그녀를 이끄시고 지켜주셨던 하나님의 손길을 발견하고, 내 불안한 가슴을 진정시키고 싶다. 전능자의 사랑에 그녀가 기댔듯이 나도 기대고, 그녀가 위로받았듯이 나도 위로받고 싶다.

최에스더 사모 《성경 먹이는 엄마》 저자, 남서울평촌교회 사모

사랑하는 어머니의 글을 읽으며

자신이 살아온 배경을 알 수 있다는 것은 복된 일입니다. 지난 몇 주 간 어머니의 원고를 읽으면서, 제가 자라온 삶의 배경을 되짚어보고 지금의 내가 존재하는 이유를 깨닫게 되어 감사했습니다. 무엇보다 부모님의 결정을 마음 깊이 이해하게 되었고, 우리 가족의 즐거운 삶 의 비결을 깨달았습니다.

부모님께서 왜 우리에게 공부에 대한 부담을 주지 않았고, 왜 '메롱' 같 은 단어를 사용하지 못하게 하셨으며, 어떤 고민을 거쳐 홈스쿨을 택 하셨고, 얼마나 성경을 중요하게 여기셨는지 다시 확인할 수 있었습니 다. 우리를 통해 하나님나라를 이루어가신 부모님의 헌신을 보며 다 시 한 번 하나님께 마음 깊이 우러나오는 감사를 드립니다.

되돌아보니 좋은 추억과 기억나는 이야기들이 참 많습니다. 이 책에 나와 있듯이 어머니는 필요할 때마다 우리를 가르치시는 교육 방법과 이유를 친절하게 설명해주시곤 했습니다. 제가 자라오면서 절절히 느 낀 부모님의 사랑과 교육 철학이 이 책에 고스란히 담겨 있기에 더욱 귀한 보배로 여겨집니다.

"부모인 나보다 하나님이 내 아이들을 더 사랑하신다." 이것이 어머니 의 삶과 가르침을 통해 그리고 이 책에 나타난 자녀양육에 대한 핵심 고백이라는 생각이 듭니다. 저는 이 사실을 삶의 나침반으로 삼아 청소년기를 보내며, 날마다 제 마음속에 하나님의 우선되심을 되새기곤 했습니다. 물론 때로는 하나님의 원칙이 우선임을 알면서도 선택하지 않아서 두려운 대가를 치러야 할 때도 있었습니다. 그러나 그런 날들을 지나면서도 항상 하나님의 말씀이 우선이라는 믿음을 굳건히 하면서 다시금 올바른 길로 돌아올 수 있었습니다. 그 돌이킴이 가능했던 이유는 바로 부모님의 양육이었습니다. 어머니께서 성경을 모든 다른 생각보다 앞에 두셨고, 어머니께서 먼저 하나님의 사랑을 신뢰하셨기 때문에 그 지혜를 저희가 배울 수 있었습니다. 저도 훗날 어머니처럼 제 아이들을 키우고 싶습니다.

청소년기를 지나 청년으로 가는 지금에 와서 보니 부모님들의 마음이 아주 조금씩 이해가 됩니다. 자녀를 사랑하기에 고민하고 계신 부모님들께 먼저 자녀를 대표해서 감사하다는 말을 전하고 싶습니다. 그리고 우리 자녀들은 '하나님의 말씀 위에 섰을 때'가 가장 행복하다는 사실을 잊지 않고, 계속 진리로 양육해주시기를 부탁드립니다. 우리 자녀들은 비 내리는 성적표를 받는다고 마음이 착잡해지지 않습니다. 그러나 집에 들어섰을 때, 내가 환영받지 못한다는 생각이 들면 마음이 착잡해집니다. 누군가와 비교해서 뒤떨어지는 것은 괜찮습니다. 그러나 뒤떨어져서 사랑받지 못한다고 느끼면 마음이 무너집니다.

하지만 우리 가족이 나에게 '말씀'이라는 기둥을 세워주고, 나를 향한 흔들리지 않는 사랑을 보여준다면 상황이 어려울지라도 마음 깊이 평안함이 깃들고 행복함을 느낍니다. 잘못된 수단으로 얻은 좋은 결과는 오히려 우리 자녀들에게 불안감만 증폭시킵니다. 하지만 어머니가 하나님께 받은 마음으로 말씀 위에서 굳건한 확신으로 우리를 대할 때, 자녀는 자유롭게, 더 크게 자랄 수 있다고 믿습니다.

이 책을 통해 자녀를 위해 기도하시는 이 땅의 어머니들이 근심과 걱정에 휩싸이지 않고, 자녀를 사랑하시는 하나님의 사랑을 신뢰하고 꿀보다 더 단 하나님 말씀을 자녀들에게 먹여주셨으면 합니다. 어머님들이 먼저 하나님의 말씀의 달콤함을 맛보아 아는 기쁨이 각 가정마다 넘쳐서 자녀들에게 그 축복이 흘러들어가는 역사가 날마다 이 땅을 가득 덮게 되길 소원합니다. 다시 한 번 사랑하는 어머니께 감사와 사랑을 전합니다.

홍영찬 막내아들, 제주 열방대학 부설 기독학교 고2

나는 다시 태어나도
엄마가 되고 싶다

●

엄마인 나에게 세 아이들은 이 세상에서 가장 아름답고 신비로운 존재였다. 나는 우리 아이들과 평생 행복하기를 소망했다. 어떻게 기르고 무엇을 가르쳐야 할지 깊이 고민하며 자녀양육에 관한 책들을 꾸준히 읽었다. 좋은 내용은 삶에 구체적으로 적용하면서, 결정적인 해답을 성경에서 찾고 매 순간 기도하며 하나님의 얼굴을 구했다. 그리고 마침내 한 가지 사실을 알게 되었다.

"아이들은 천하 만민에게 복을 주기 위해 이 땅에 태어난다."

그렇기 때문에 부모는 아이들이 축복의 통로가 되도록 양육해야 한다. 그래야 부모와 자녀 모두 행복하다는 사실을 알게 되었다. 그 동안 나는 주님을 의지하면서 힘껏 세 명의 자녀를 길렀다. 어느덧 아이들이 잘 자라서 아름다운 청년이 되었다. 피곤과 싸우며 키운 보람이 있었다.

큰아들이 사춘기를 지나더니 열일곱 살에 집을 떠나 예수제자훈련학교(YWAM DTS)에 훈련받으러 갔다. 딸은 스무 살에 DTS 훈련을 받으러 제주 열방대학으로 갔다. 막내아들은 열다섯의 이른 나이에 제주 열방대학 부설 기독학교로 떠났다. 큰아들은 스물네 살에 동갑내기와 결혼해서 부모를 떠나 자립했다. 그리고 지금도 변함없이 천하 만민에게 복이 되고자 각기 부르심을 따라 성실하게 주님과 동행하며 살고 있다.

당신도 자녀를 얼마든지 잘 키울 수 있다. 욕심만 버리면 된다. 세속적 가치관과 방법들이 섞여 있으면 당연히 힘들어진다. 하나님의 전략으로 싸우라. 그분이 주시는 전략은 성경에 있다.

좁은 문으로 들어가라
멸망으로 인도하는 문은 크고 그 길이 넓어
그리로 들어가는 자가 많고
생명으로 인도하는 문은 좁고 길이 협착하여
찾는 자가 적음이라
마태복음 7장 13,14절

가정의 행복을 지키려면 좁은 문으로 들어가야 한다. 이것이 전략이다. 인생을 살다 보면 자녀와 부모 모두 선택의 기로에 선다. 좁은 길과 넓은 길, 바른 길과 굽은 길, 좋은 말과 나쁜 말, 격려의 말과 상처 내는 말, 먹어도 되는 음식과 먹어서는 안 되는 음식 등을 항상 선택해야 한다. 그래서 처음의 선택이 정말 중요하다. 한번 선택하면 계속 그 길을 가기 때문이다.

엄마로서 끊임없이 선택의 기로에 섰을 때, 나는 과감하게 좁은 문을 선택했다. 세상의 많은 사람들이 가는 길을 포기했다. 구체적인 교육 방법보다는 내 태도와 관련된 부분이었다. 아이들에게 엄마의 선택을 따라오라고 말했다. 자신 있을 때도 있었지만, 불안할 때도 있었다. 그래도 힘껏 걸어올 수 있었던 이유는 선택의 기준이 성경이었기 때문이다. 넓은 문으로 들어가지 않으려고 부단히 노력했다. 다른 사람이 선택한다고 쉽게 따라한 결과가 멸망의 길로 연결된다면, 생각만 해도 아찔하다. 그래서 기도하면서 늘 깨어 있어야 했다. 자녀양육은 기도 없이는 할 수 없는 일이다.

때로 자녀양육을 힘들어하는 사람을 본다. 육아가 힘들다는 이유로 종일 어린이집에 아이를 맡기는 주부도 있다. 자녀의 거듭되는 질문에 화를 내고, 하루 종일 재잘거리는 자녀들의 말을 듣기 싫어하는 엄마도 있다. 밤낮 자녀와 싸우고 갈등하는 부모도 종종 만난다. 자녀의 생활 습관과 사고방식 때문에 고민하고 자녀의 학업성적과 진로 때문에 잠 못 이루고 뒤척이는 부모도 많다. 방학이 두렵다는 학부모도 많이 만났다.

반대로 자녀양육은 쉽고 즐겁고 행복하다고 말하는 사람도 있다. 자녀의 모든 성장 과정과 변화를 놓치지 않으려 늘 아이 곁에 있는 엄마도 본다. 자녀의 질문에 즐겁게 답하고 아이의 재잘거림을 기분 좋게 듣는 부모도 있다. 자녀와 밤낮 사랑과 위로를 나누고 함께 기도로 동역하는 부모들도 종종 만난다. 자녀의 좋은 성품과 올바른 가치에 박수를 보내며 보람 있게 사는 부모도 있다. 자녀의 미래를 걱정하지 않고 편히 자는 부모도 분명히 있다.

나는 이처럼 다른 유형의 부모가 생기는 이유를 알고 싶었다. 행복한 엄마가 되지 못하는 원인을 찾아야 했다. 그 답을 '문(門)'에서 발견했다. 어느 문을 선택했는가. 그것이 결정하고 있었다.

처음에 너무 쉽게 넓은 문을 선택한 사람들은 불행하다. 그 길을 가는 내내 불안하다. 그 길이 아무리 넓고, 함께 가는 사람이 많다 한들 스멀거리며 올라오는 불안을 떨치지 못한다. 그 길 끝에 무엇이 있는지 모르기 때문이다. 그 끝에 무엇이 있는지조차 고민하지 않고, 서둘러 넓은 문을 선택한 대가이다. 그저 많은 사람이 간다는 이유로 선뜻 따라나섰기 때문에 불안하다. 그러니 자녀를 양육하고 교육하는 일이 힘들고 벅차다. 자녀를 즐겁게 누리지 못하니까 불행하다.

좁은 문을 선택하려는 사람은 누구든 그 결정을 쉽게 하지 못한다. 그 문으로 들어가는 사람이 적기 때문에 더 많이 더 오래 고민한다. 그 끝에 생명이 있음을 확신할 때 드디어 그 문에 들어간다. 그러므로 한 번 들어서면 가는 길이 아무리 협착해도 후회하지 않는다. 물론 때로는 이해받지 못할 수도 있다. 그래도 포기하지 않고 계속 길을 간다. 가다 보면 좁은 길가에 핀 꽃이 보인다. 나무 열매도 맛본다. 때로 가다가 목이 마를 수도 있다. 그러면 잠시 앉아 샘물을 마시고 다시 앞을 향해 걷는다. 돌아서지 않는다. 처음에 신중하게 결정했고 그 끝에 생명을 확신해서 선택한 길이기 때문이다. 생명이 앞에 있음을 알기 때문에 좁은 길을 걸어도 즐겁다. 그래서 자녀양육은 쉽고 재밌고 즐겁다고 말한다.

성경의 원칙을 따라 자녀를 양육하고 교육하기로 선택한 부모들은 좁은 문에 들어선 사람이다. 좁은 길을 자녀와 함께 걷는 부모는 즐겁다. 자녀와 함께 생명을 향해 가니 행복하다.

두 가지 문 앞에서 어느 쪽 문으로 들어갈지 본인의 의지로 자유롭게 결정한다. 그러나 정보가 없거나 믿음이 부족해서 쉽게 선택하지 못하고 고민한다. 예수님은 우리를 사랑하신다. 부모들의 고민을 아신다. 그분은 어떤 길 끝에 생명이 있는지 아신다. 그래서 그 선택의 문 앞에서 고민하는 부모들 어깨에 손을 얹고 분명하게 말씀하신다.

'사랑하는 딸아! 좁은 문으로 들어가라.'

우리 부부는 좁은 문을 선택했고, 좁은 길을 걸었다. 그래서 행복했다. 자녀에 대한 양육 태도와 교육 방법은 우리 부부가 선택했다.

자녀를 보는 관점도 우리가 선택했고, 양육 목표도 우리가 정했다. 세상의 가치와 이론을 근거로 정하지 않았다. 우리 아이들을 하나님이 주신 선물과 상 그리고 하나님나라의 군사로 보고 성경대로 양육하고 기도했다. 천하 만민에게 복이 되는 자녀를 목표로 양육했다. 세상 이론과 가치가 아닌 성경의 가치를 따르기로 선택하고 그 문에 들어갔더니 우리 가족은 평안하고 행복했다.

여호와를 경외하는 자 누구냐
그가 택할 길을 그에게 가르치시리로다
그의 영혼은 평안히 살고
그의 자손은 땅을 상속하리로다
시편 25편 12,13절

하나님이 도와주신다는 사실을 신뢰하면서 성경의 진리와 원칙을 지키면, 자녀를 잘 키울 수 있다. 여호와를 경외하는 엄마에게는 특별한 힘이 있다. 나는 엄마여서 행복했다. 내가 키우는 자녀는 내가 받은 선물이고 상이기 때문이다. 아이들을 키우면서 나는 아버지 하나님을 더 알게 되었다. 우리 가정은 나에게도 하나님을 배우는 학교였다. 아이들을 키우면서 내가 성장했다. 무엇보다 깊이 있는 기도를 배웠다. 아이들을 세상에 빼앗기지 않도록 기도했고, 세상을 이

기도록 간절히 기도했다. 아이들을 위해 기도할수록 자녀의 정체성을 알게 되었다. 그들은 선물과 상으로만 끝나는 것이 아니라, 하나님나라의 군사였다.

최근 예수원의 청소년 기독교 대안학교인 생명의강학교 수양회에서 강의했다. 학생과 학부모, 교사, 예수원 가족들이 모두 함께하는 수양회였다. 이곳에서 시편 127편의 원칙을 따라 자녀는 하나님의 선물과 상과 군사이고, 이것이 성취되기 위하여 부모는 자녀를 위해 기도해야 한다는 내용으로 강의했다. 찬양하고 기도하고 강의를 듣고 적용하는 내내 성령의 임재가 충만했다. 부모 자녀간에 서로 감사를 말하고 안아주고 축복하고 사랑을 고백하는 시간이었다.

그런데 아직 기독교인이 아닌 아버지 한 분이 학부모로 참석했다. 나는 그분의 입장을 생각해보았다. 수양회 분위기가 얼마나 낯설고 어색할까. 모임에서 빠져나가고 싶지는 않았을까. 쉽지는 않았을 텐데 적응하려고 애쓰며 모든 모임에 빠짐없이 참여했다. 아들과 아버지가 우리 앞에서 서로 힘껏 안아주기도 했다. 나는 잔잔한 감동을 받으며 그 가정이 조만간 예수님을 믿게 되기를 소망했다. 나뿐만 아니라 참석한 모든 이들이 큰 감동을 받았다. 이것이 바로 자녀를 향한 부모의 사랑 아니겠는가.

그 사랑의 근원은 사람을 창조하시고 가정을 만드신 하나님께로부터 나온다. 하나님은 우리를 사랑하신다. 우리의 아이들을 사랑하신다. 우리가 우리 자녀를 사랑하는 것보다 더 크게 더 깊게 더 많이 사랑하신다. 우리의 자녀이기 전에 그분의 자녀이기 때문이다. 이처럼 소중한 존재들이 하나님의 뜻과 계획을 안고 우리에게 왔다. 그래서 우리는 하나님의 뜻과 계획을 따라 그분의 아이로 자녀를 양육해야 한다. 그 방법은 하나님이 우리 자녀에 대해 가장 잘 아신다는 믿음이 있을 때 찾을 수 있다. 이 믿음을 가지고 자녀를 양육하고 교육하는 모든 것을 그분께 묻고 그분을 의지한다면 누구든지 가장 좋은 길을 찾을 수 있다.

물론 가정마다 자녀를 양육하고 교육할 수 있는 상황과 여건이 다 다르다. 그럼에도 불구하고 그 가운데서 하나님의 원칙을 듣고 실천하려고 한다면 하나님은 반드시 합당한 도움과 지혜를 주시고 최선의 길을 보여주신다.

아직 기독교인이 아닌 학부모가 기독교 대안학교에 자녀를 보내고, 전심으로 참여하는 모습이 그처럼 감동적인 것은 자녀 사랑 때문이다. 자녀에게 좋은 것을 주고 싶은 그 사랑은 부모에게 길을 보여준다. 하나님은 나보다 더 내 아이를 사랑하신다. 하나님을 향한 굳건한 믿음은 올바른 자녀양육의 방법으로 부모들을 이끈다. 하나님은 믿고 구하는 부모들의 기도를 들으시고 힘과 능력을 주셔서 좋은 부모가 되게 하고 우리 자녀를 하나님의 아이로 키워내게 하신다.

시편 127편에서
자녀양육의 원리를 찾다

내가 예수전도단 간사로 있으면서 처음 한 강의는 '중보기도'였다. 2001년에 전국에서 모인 대학생들을 위한 모임에서 중보기도 강의 요청을 받았다. 아이들을 키우면서 일대일 성경공부는 꾸준히 인도해왔지만, 많은 사람들 앞에서 강의하는 것에는 자신이 없었다.

더구나 중보기도와 같은 중요한 주제를 강의할 수 있을지 걱정이 되었다. 그때 아이들의 끊임없는 격려에 힘입어 오랜 시간 강의를 준비했다. 강의 시작부터 끝날 때까지 어떻게 강의했는지 지금도 생생하게 기억난다. 비록 몸은 떨었지만 성령님이 함께하심을 느끼며 최선을 다했다. 그 후에 교회와 여러 모임에서 지속적으로 중보기도 강의를 하게 되었다.

중보기도 강의를 하다 보니 자연스럽게 '영적전쟁' 강의까지 연결되었다. 내가 중보기도와 영적전쟁을 강의할 때 실제적인 예화로 아이들 이야기를 자주 했다. 기도 응답의 사례를 말하다 보니 가정 이야기가 많이 나왔고, 그 중심에 아이들을 키운 내용이 있었다. 그런 내용들이 예수전도단 내에 알려진 모양이다. 뉴질랜드 예수제자훈련학교에서 '가정과 자녀양육' 강의를 요청했다. 그때는 아이들이 어느 정도 성장했기 때문에 자녀양육에 대한 경험을 체계적으로 정리할 수 있었다.

중보기도와 영적전쟁 강의 때처럼 자녀양육도 실제 사례와 성경 원칙을 기본으로 강의를 준비했다. 실제 사례는 아이를 키운 이야기를 있는 그대로 말하면 되는데, 성경 원칙을 찾는 것이 중요했다.

부모와 자녀 관계에 대한 말씀이 성경의 여러 곳에 있지만, 유난히 시편 127편이 눈에 들어왔다.

1 여호와께서 집을 세우지 아니하시면 세우는 자의 수고가 헛되며 여호와께서 성을 지키지 아니하시면 파수꾼의 깨어 있음이 헛되도다

2 너희가 일찍이 일어나고 늦게 누우며 수고의 떡을 먹음이 헛되도다 그러므로 여호와께서 그의 사랑하시는 자에게는 잠을 주시는도다

3 보라 자식들은 여호와의 기업이요 태의 열매는 그의 상급이로다

4 젊은 자의 자식은 장사의 수중의 화살 같으니

5 이것이 그의 화살통에 가득한 자는 복되도다 그들이 성문에서 그
들의 원수와 담판할 때에 수치를 당하지 아니하리로다

시편 127편 1-5절

결론부터 말하자면 나는 시편 127편의 원칙을 따라 아이들을 쉽
게 키울 수 있었다. 처음에 이 시편을 읽었을 때는 각 절의 내용이 어
떤 연관성을 갖는지 잘 이해하지 못했다. 다만 자식들은 여호와의
기업이고 상급이라는 구절이 좋아서 암송했다. 아이들을 키우면서
힘이 되는 말씀이었고, 내가 잘하고 있는지 돌아보는 기준이었다.
그래서 3절에서 5절까지의 본문으로 자녀양육에 대해 자주 강의했
다. 그러다가 전체 맥락을 차츰 이해하게 되었다.

개역한글 성경과 개역개정판 성경에는 '자식은 여호와의 기업'이라
고 표현하고 있는데 현대인의성경과 새번역 등 여러 번역본에서는
'자녀는 하나님의 선물'이라고 되어 있다. 나는 그동안 '여호와의 기
업'을 문자 그대로 이해하면서 강의했는데, 이 책을 쓰면서 '하나님의
선물'로 자녀의 의미를 확장할 수 있었다. '기업(基業)'을 말할 때는
대를 이어간다는 뜻이 분명해서 좋았고, '선물'은 그 단어 자체로 친
숙하게 다가왔다.

자녀를 무기인 화살로 비유한 것은 자연스럽게 영적 군사라는 개
념으로 연결되었다. 자녀가 영적 군사가 되어서 세상을 변화시키고

24

승리해야 한다는 내용은 평소에 아이들에게 강조하는 양육의 핵심이었다. 또 영적전쟁을 강의하는 내게는 이런 용어들이 익숙했다. 그래서 '자녀는 기업이요, 상이요, 군사다'라는 내용으로 첫 번째 '자녀양육' 강의를 했다.

이후 여러 모임에서 같은 내용의 강의를 하게 되었다. 강의하면 할수록 '자녀양육'이 중요한 주제라는 확신이 들었다. 그런 강의를 하는 사람으로서 아이들을 더 잘 키워야만 했다. 아이들을 키우는 힘든 과정을 있는 그대로 공감해주는 것도 중요하지만, 좋은 열매를 보여주는 모델이 되고 싶었다.

준비되지 않으면 당황한다

자녀양육 강의를 하던 중에, 큰아들과 둘째 딸의 사춘기가 차례대로 지나갔다. 쉽지 않은 시간이었다. 아이들은 내가 성장한 시대와 너무나 다른 환경에서 자라고 있었다. 아이들도 어려워했지만, 나도 힘들기는 매한가지였다.

우리 아이들이 사춘기 시절에 유별나게 방황한 것은 아니다. 다만 부모인 내가 준비되어 있지 않아서 작은 일에도 당황했다. 후에 돌이켜보니 별일도 아니었는데 당시에는 큰 의미를 부여했음을 알았다. 잘 키우고 싶었던 내 마음이 앞선 날이 많았다.

그래서 자녀양육 강의를 중단하고, 아이들과 차근차근 다시 시작했다. 남편도 사역을 줄이면서 아이들에게 신경을 썼고 선교지를 방문할 때 아이들을 한 명씩 데리고 갔다. 남편의 항공비와 경비도 자비로 준비할 때가 대부분이었는데, 아이들의 경비까지 지출하면서 부담이 커졌다. 그러나 생활비를 극도로 줄이면서까지 아이들이 부모와 함께하는 시간을 확보했다. 선교지 방문을 마치고 돌아오면 아이들이 달라져 있었다. 딸의 사춘기 기간에 우리 부부는 사역을 중단하고 6개월 동안 안식년을 가졌다.

아이들이 사춘기가 지나서 안정기에 들어가자 다시 '자녀양육' 강의를 시작했다. 아이들이 사춘기를 보내면서 겪은 일이 다른 가정을 도와주는 사례가 되어서 참 감사했다.

실제 사례가 많아질수록 나는 성경 말씀의 원칙에 집중하기 위해 시편 127편으로 돌아갔다. 여러 번역본을 참고하면서 본격적으로 시편 127편을 공부했다. 이 시편의 내용과 구조는 명확하다.

첫째, 집과 성(城)은 하나님이 지켜주신다.

둘째, 자녀는 선물, 상, 군사다.

셋째, 우리 자녀들은 승리한다.

이 짧은 본문에 놀라운 말씀이 숨어 있었다. 아니 숨어 있다기보다는 내가 찾지 못했던 보화였다. 물론 나는 신학자도 아니고 성경학자도 아니다. 엄마로서 이 말씀을 읽고 삶을 통해 정리했을 뿐이다.

1,2절을 포함해 시편 127편 전체를 묵상하고 적용하니, 삶이 더욱

풍성해졌다. 집을 세우고 성을 지킨다는 단락에서 부모의 모습이 보였다. 일찍 일어나고 늦게 누우면서 수고해야만 하는 것은 오늘날 부모들의 모습이자 우리 모두의 모습이다. 그러나 우리가 아무리 열심히 부모 역할을 하려고 해도, 하나님이 지켜주시고 세워주시지 않으면, 모두 헛된 일이다.

시편 127편의 중심에 하나님이 사랑하시는 사람에게 잠을 주신다는 말씀이 있다. 처음 읽을 때는 언뜻 앞뒤 문맥과 어울리지 않는 것처럼 보였는데, 자녀양육과 연결하니 분명한 표현이었다. 때로 우리 아이들에게 어려운 일이 반복되는데도 마음 편히 잠을 잤던 날이 떠올랐다. 하나님 아버지를 향한 신뢰가 나를 잠들게 했고, 이튿날 웃는 얼굴로 아침을 준비할 수 있었다. 결국 하나님의 사랑이 내가 걱정하지 않는 행복한 엄마가 되게 했다.

마지막 구절인 5절은 가정과 자녀양육의 목적이 나타나는 중요한 구절이었다.

'왜 아이들을 잘 키우려고 하는가?'

거기에는 여러 가지 이유를 댈 수 있다. 가정의 대를 잇는 것, 부모의 명예를 지키는 것, 열심히 돈을 벌어서 편안하고 행복하게 지내는 것, 부모를 공경하고 경제적 부양을 요청하는 것 등 많은 이유가 있지만, 이것이 전부가 아니다! 그 이상의 높은 목적이 있다.

세상과 열방을 축복하는 아이로 키우라

나에게 맡겨주신 아이들이 하나님나라를 일으키는 하나님의 자녀가 되어야 한다. 이를 위해 누군가는 성문에 나가고 또 누군가는 성안으로 들어가야 한다. 성문에서 원수를 굴복시키고, 성안에서는 빛과 진리가 원칙이 되는 하나님나라를 확산해야 한다. 성경적 세계관이 사회의 각 영역을 끌어가도록 헌신하는 제자가 되어야 한다. 일회성 사건으로 끝나지 않고, 대를 이어서 계속되는 영적 변화를 일으켜야 한다. 그 중심에 우리 아이들이 있다면 얼마나 감사한 일인가.

성경 말씀을 기반으로 올바르게 키우면 아이들은 세상과 열방을 위한 축복의 통로가 된다. 천하 만민은 우리의 자녀들을 통해 복을 받는다. 자녀양육이 얽히고 꼬여 있다면 그 이유가 있다. 부모로서 스스로 돌아볼 때 헛되고 헛된 삶을 살았다고 느껴진다면 성경으로 돌아가면 된다. 자녀양육이 너무 힘들어서 잠이 오지 않는다면 이제라도 하나님께 기도하면 된다.

'하나님, 우리 가정에 찾아오셔서 세워주시고 지켜주세요.'

나는 마태복음 25장을 좋아한다. 작은 일에 충성한 착한 종에게 상을 주시겠다는 말씀이 나에게는 엄마들을 격려하시는 예수님의 음성으로 들린다. 나는 하나님의 칭찬을 듣는 엄마가 되고 싶다. 그리고 이 땅의 엄마들이 같은 칭찬을 듣게 될 것을 믿는다.

착하고 충성된 엄마들아!
네가 자녀양육에 충성하였으매
내가 많은 것을 네게 맡기리니
네 주인의 즐거움에 참여할지어다.

2015년 봄에
박현숙

에필로그

자녀는
선물이다

"자녀는 여호와께서 주신 선물이며(시 127:3a, 현대인의성경),"

찬양과 감사로
받는 선물

초등학교 미술 시간에 나는 뒷동산을 그렸다. 커다란 팽나무 한 그루를 동산 꼭대기에 그렸다. 언덕 내리막길을 따라 자잘한 덤불을 그려 넣었다. 납작 바위도 그리고, 바위 둘레를 돌며 토끼풀과 강아지풀, 은방울꽃과 나리꽃을 그렸다. 4B 연필로 그린 후에 크레파스가 없어서 색칠을 못했다. 크레파스 하나를 가지고 6학년이었던 오빠와 같이 쓰고 있었는데, 그날은 오빠가 사용하는 날이었다.

나는 부지런히 색칠하는 친구들을 바라보면서 그림 속 비밀의 동산에서 혼자 놀고 있었다. 아이들의 그림을 보느라 책상 줄 사이를 다니던 선생님이 내 옆을 지나간 것도 몰랐다. 긴 미술 시간 동안 나는 고개를 숙이고 연필로 덧칠만 하고 있었다.

며칠 뒤, 봄 햇살이 눈부신 월요일 오후였다. 집에 가려는 나를 선생님이 부르셨다.

"현숙아! 생일 축하해. 자, 생일 선물."

24색 크레파스였다. 내가 기억하는 첫 선물을 선생님께 받았다. 나는 지금도 크레파스를 보면 봄볕처럼 따스했던 선생님의 미소가 생각난다. 크레파스라는 단어만 들어도 선물을 주신 선생님이 떠올라 행복해진다.

선물은 그것을 준 사람을 생각나게 한다. 선물한 사람의 관심과 정성이 담겨 있기 때문이다. 선물은 사랑한다는 말과 사랑의 마음을 대신한다. 또 그 사랑을 증명한다. 그래서 선물은 사랑의 또 다른 이름이다.

자녀는 여호와께서 주신 선물이며…
시편 127편 3절(현대인의성경)

하나님은 우리를 사랑하신다. 그래서 우리에게 선물을 주신다. 하늘의 보물인 이슬과 땅 아래 숨어 있는 물, 풍성한 곡식과 열매는 전부 하나님이 주신 선물이다. 이 선물을 받을 때마다 우리는 하나님의 사랑을 생각하고 감사한다. 생명의 구원과 내주하시는 성령도 하나님이 주신 선물이다.

하나님은 모든 좋은 선물을 우리에게 주시기를 원하고, 항상 좋은 것으로 채워주시기를 기뻐하신다. 우리가 받아 누리는 하나님의 선물은 모두 그분의 사랑의 언어요, 마음의 표현이다. 그중에서도 가장 특별한 선물은 자녀다. 부모는 자녀를 통해 하나님을 기억하고 감사하며 그 사랑을 누리게 된다. 나는 하나님께 세 아이를 선물로 받았다.

임산부가 누리는 축복

나는 스물여섯 살에 결혼했다. 1년 6개월 뒤에 첫아이를 출산했고, 둘째는 서른에 낳았다. 셋째는 서른네 살에 낳았다. 비교적 일찍 결혼해서 노산이 오기 전에 세 명을 낳을 수 있었다. 그리고 10년을 모유수유하면서 아이들을 키웠고, 10년을 홈스쿨로 양육했다. 모든 사람이 나와 같아야 한다고 생각하지 않는다. 그러나 결혼해서 가정을 이루고, 아이를 낳아서 양육하는 삶은 특별한 은혜다.

나에게 임신은 도저히 알 수 없는 미지의 세계였다. 그래서 나는 창조주 하나님을 신뢰할 수밖에 없었다. 우리 아이들은 내 자녀이기 전에 하나님이 지으신 창조의 작품이다. 나는 임신한 순간부터 태아를 인격체로 여기고 축복했다. 배 속에 있는 아이는 엄마의 느낌과 생각을 그대로 전달받는다고 한다. 그래서 가능한 좋은 생각을 하려고 노력했다. 자녀를 소중히 여기는 출발은 임신부터 시작한다. 성경을 보면 아기가 잉태되었을 때 마리아는 주를 찬양하며 감사했다.

내 영혼이 주를 찬양하며

내 마음이 하나님 내 구주를 기뻐하였음은…

능하신 이가 큰일을 내게 행하셨으니…

누가복음 1장 46,47,49절

찬양과 감사는 하나님의 주권을 인정한다는 믿음의 고백이다. 처녀의 몸으로 임신한 마리아가 이처럼 찬양한다는 것은, 진실로 선하신 하나님에 대한 전적인 신뢰 없이는 불가능하다. 어떤 이유로 임신을 했든지 우리는 주님을 찬양하고 감사의 기도를 드릴 수 있다.

나는 큰아이를 임신하고 입덧이 심해서 밖에 나갈 수 없어 집에서 예배하며 감사와 찬양을 드렸고, 둘째 아이 임신 기간에는 선교사 훈련학교 예배에 날마다 참석해서 찬양과 감사를 드렸다. 막내를 임신했을 때는 찬양 테이프를 틀어놓고 두 아이와 함께 기뻐하며 찬양했다.

임신한 엄마는 매일 아침 묵상하고 예배하는 시간을 가져야 한다. 아기가 태어나면 경건의 시간을 갖기가 쉽지 않다. 그렇지만 임신 기간에는 충분히 하나님 앞에 머물 수 있는 시간이 있다. 그 시간은 이후 엄마로서 살아가는 데 큰 힘이 된다. 아기를 주신 주님께 감사하고 아이를 짓고 계시는 주님을 찬양하라. 참으로 귀한 선물을 주시는 하나님께 곡조가 있는 찬양을 해도 좋고 일상적인 말로 높여도 좋다. 빛과 생명이신 하나님은 찬양 중에 임하신다. 따라서 우리의 찬양은 어둠과 죽음을 몰아내고 우리의 감사는 원수의 뺨을 때리게 된다. 온갖 두려움과 불안을 몰아내고 기대와 소망을 품게 한다.

나는 성경에서 기도의 근거를 찾으며 아기를 위해 기도했다.

'주님이 주신 이 아이가 태아에서부터 성령충만하게 하소서. 그래서 평생에 주를 찬양하는 사람이 되게 하소서.'

어머니 배 속에서부터 예수님을 알아보고 복중에서 뛰놀았던 세례 요한처럼, 우리 아기도 배 속에서부터 주를 기뻐하며 찬양하길 기도했다. 아이들이 태어나고 자라는 동안에는 이렇게 기도했다.

'우리 아이들의 영혼육이 균형 있게 자라게 하소서.'

이 기도의 근거는 예수님의 어린 시절 모습에 있다.

아기가 자라며 강하여지고 지혜가 충만하며
하나님의 은혜가 그의 위에 있더라
누가복음 2장 40절

우리 아이들도 예수님처럼 건강하게 몸이 자라고 지혜가 충만하며 하나님의 은혜 안에 있기를 원했다. 이 말씀은 영과 혼과 육이 균형 있게 자라는 것이 중요하다는 뜻이다.

'아이를 자라게 하시는 하나님의 은혜를 찬양합니다. 몸을 건강하게 하시고 강하게 하소서. 지혜를 충만하게 주시고 항상 은혜를 누리며 살게 하소서. 그래서 우리 아이의 영혼육이 어느 한편으로 치우치지 않고 균형 있게 자라게 하소서.'

우리 아이들이 자라면서 만약 나의 기도 소리를 들었다면 이렇게 기억하고 있을 것이다. 이 지면을 통해 내가 했던 기도문을 소개한다. 각 가정의 상황에 맞게 적용하여 기도하면 유익할 것이다.

자녀를 위한 기도문

태아를 예수 그리스도의 이름으로 축복합니다.

배 속에서부터 성령으로 충만하게 하소서.

천하 만민에게 복이 되게 하소서.

주님 얼굴의 빛을 비추소서, 항상 비추소서.

지켜주소서. 보호해주소서. 축복하소서.

도와주소서. 안아주소서. 돌봐주소서.

은혜와 평강을 주소서.

영혼육이 강건하여 균형 있게 자라게 하소서.

지혜를 주시고, 여호와를 경외하게 하소서.

하나님을 사랑하고 이웃을 사랑하게 하소서.

좋은 친구가 되게 하소서.

존중과 배려를 알게 하소서.

많은 사람을 옳은 데로 인도하는 자 되게 하소서.

하늘의 별과 같이 빛나게 하소서.

성령을 부어주사 시냇가의 버들같이 자라게 하소서.

하나님의 뜰에서 자라는 나무가 되게 하소서.

선물이 되게 하소서. 상급이 되게 하소서.

하나님나라의 군사가 되게 하소서.

축복의 통로가 되게 하소서.

예수님의 이름으로 기도합니다. 아멘.

chapter
02

—

하나님이
내게 주신 선물들

결혼하여 임신한 줄로 착각하여 병원에 갔는데, 임신이 아니라는 의사의 말이 매정하게 들려 나도 모르게 눈물이 났다.

'분명히 속이 메스껍고 어지럼증이 있었는데, 더구나 규칙적이던 생리혈이 일주일이 넘게 보이지 않는데 임신이 아니라니.'

결혼한 지 일 년도 안 된 새색시가 임신이 아니라는 의사의 말에 눈물을 흘릴 정도로 나는 간절히 아이를 원했다.

하나님이 주신 첫 번째 선물

슬픈 기간을 지나 곧이어 진짜 임신을 했고 열 달을 기다려 출산하러 병원에 갔다.

"살려주세요!"

나는 바보같이 간호사를 보며 애원했다. 그 누구도 아이를 대신 낳아줄 수 없고, 상상을 초월한 산통에서 나를 구해줄 수 없는데도 나는 그렇게 말하고 말았다. 이러다가 죽는 것 아닌가 싶었다. 아기 낳을 때 배가 아프다는 말은 익히 들어서 알고 있었는데, 나는 허리가 아팠다. 골반이 빠져 나가는 줄 알았다. 아니 차라리 골반이 빠져버렸으면 좋겠다고 생각했다. 그러면 이 고통이 끝날 것 같았다.

지독한 산통 끝에 태어난 아기는 그 통증을 전부 잊게 해줄 만큼 예뻤다.

'어쩜 이렇게 예쁜 아기가 세상에 있을까.'

자녀는 하나님의 선물이라는 말이 맞았다. 그래서 황송했다.

'이처럼 예쁜 아기를 감히 내 아기라고 부르다니. 이렇게 귀한 아이를 내가 선물로 받다니.'

첫아이를 낳았을 때 살았던 곳은 허름한 농가를 개조한 주택이었다. 주변에 축산 농가가 많아서였는지 여름에 파리와 모기가 많았다. 낮에는 아이 얼굴에 달라붙은 파리를 쫓고, 밤에는 모기를 쫓았다.

'하나님, 모기가 누군가를 물어야 한다면 나를 물게 해주세요. 우리 아기는 물지 않게 해주세요.'

모기 물리는 걸 유난히 싫어하던 내가 이런 기도를 하다니.

나는 엄마가 되었다. 아기를 안고, 업고, 기저귀 갈고, 젖 먹이고, 재우고, 금방 잠에서 깨면 또 먹이고, 씻기고 놀아주었다. 울음소리가 환청으로 들려서 차 한 잔 마실 여유가 없어도, 나는 행복했다.

세상을 다 가진 사람처럼 만족했다.

아기가 토한 젖 냄새도 좋았고, 갓난아기라 그런지 똥 색깔도 예뻤다. 식탁에 앉아서 제대로 밥을 먹은 기억이 가물가물하고, 원피스 한 번 못 입고 아기 돌보기 편한 티셔츠만 줄곧 입어야 하며, 친구와의 통화를 황급히 끊고 아기에게 달려가야 해도 나는 괜찮았다. 날마다 쑥쑥 자라는 아기를 보는 것만으로도 눈이 부셨다.

나는 조심스럽게 정성을 다해 아기를 돌봤다. 아기는 눈을 떴고 먹고 자고 싸기를 반복했다. 웃고 옹알이하고 엄마 말을 따라하더니, 어느 날 기적처럼 "엄마" 하고 말했다. 손가락을 움직이더니 고개를 세우고, 몸을 뒤척이더니 뒤집고, 발바닥으로 밀다가 네 발로 기고, 그러다가 일어나 두 발로 걸었다. 이 모든 순간이 신비롭고 놀라웠다.

고유한 성향을 부여받은 아이들

대부분의 엄마들은 아이가 태어나면 여성인 자신의 일부로 여긴다. 그래서 남자아이에게서 남성성이 나타날 때 당황한다. 예를 들어 나도 첫아이가 나처럼 꽃을 보면 향기를 맡으며 감상하리라고 생각했다.

그래서 화병에 꽂아놓은 장미 한 송이에 다가갈 때 한 치의 의심도 없이 흐뭇한 표정으로 바라봤다. 그런데 아이는 장미꽃에 다가가 향기를 맡는 게 아니라 꽃을 잡고 부러뜨렸다. 그때 몹시 당황하면서 나와 다른 개체이면서 남자아이라는 인식을 하게 되었다.

나는 대학시절에 페미니즘을 공부하면서 남성성이나 여성성은 후천적으로 학습된 것이라고 배웠는데, 아이를 직접 키우다보니 처음부터 여자와 남자는 다르게 고유한 성향을 부여받았음을 알게 되었다. 대부분의 여자아이들은 예쁜 액세서리에 관심을 갖는데, 남자아이들은 돌멩이나 막대기에 관심을 갖는다.

우리 아들도 마당에 나가 막대기를 잡더니 누가 가르쳐주지도 않았는데 칼싸움 흉내를 냈다. 아이 옷을 빨려고 들추다보면 물 웅덩이에 던지고 놀다가 남은 돌멩이가 주머니에서 한 움큼씩 나왔다. 축구하는 어른들 틈에 끼어서 헛발질을 하다가 공에 맞아도 울지 않았다. 예쁘기만 하던 아기는 어느덧 남자아이로 자랐다.

선교원에 다닌 지 한 달쯤 지났을 때였다. 남자아이들을 놀리는 여자아이들을 혼내주려고 오늘은 자기가 대장으로 나섰다고 했다. 그날 저녁에 나는 맛있는 쿠키를 아들에게 건네면서 말했다.

"훌륭한 남자는 여자를 아끼고 지켜주는 사람이란다. 절대로 여자를 때리지 않는단다. 오히려 도움이 필요할 때 도와주고, 함께 길을 걸을 때는 여자를 안전한 쪽에서 걷게 한단다."

그 외에도 남자와 여자에 관한 많은 이야기를 했다. 아들은 제법 진지하게 듣더니 고개를 끄덕이며 말했다.

"나는 훌륭한 남자가 될 거예요."

다음 날부터 여동생과 더 잘 놀아주고, 엄마의 시장바구니를 기어이 자기가 들겠다며 가져갔다. 무거운 여행 가방도 끌면서 아빠를 닮아갔다. 어느 날은 함께 걷다가 길 안쪽으로 나를 밀어넣으며 말했다.

"아들이 엄마를 지켜 드려야죠."

청소년이 되자 자신의 재능을 기부했다. 선교사 가정에서 태어나 자연스럽게 배운 영어를 가지고 여러 사람을 도왔다. 선교사로 떠나는 간사들의 영어 발음을 교정해주고, 생활 영어를 알려주었다. 제주 열방대학에서 공부하는 외국 학생들의 통역간사로 봉사하기도 했다.

돈을 벌며 기술을 익히는 일도 했다. 언젠가 결혼하면 가정을 책임지는 가장이 되겠다며 열심히 일했다. 단순한 육체노동부터 책을 번역하는 일까지 다양한 일을 하면서 책임감을 키웠다.

무엇보다 엄마인 나에게 다정한 아들이 되어주었다. 밥 먹을 때마다 엄마의 요리는 최고라고 칭찬해주어 나는 행복했다. 내가 부엌에서 일하면 내 주위에서 도와줄 방법을 찾다가 이내 음식물 쓰레기통을 들고 나갔다.

"엄마는 냄새나는 거 힘드시잖아요. 제가 버리고 올게요."

내 생일에는 새벽부터 일어나 미역국을 끓여주기도 했다. 그럴 때마다 나는 진심으로 아들에게 축복의 말을 잊지 않았다.

"너는 정말 좋은 남편이 되겠구나."

좋은 남편이 될 거라는 축복의 말을 자주 듣던 아들이 동갑내기 예쁜 친구를 만나서 결혼했다. 아들의 결혼을 통해 나는 또 한 명의 자녀를 선물로 받았다. 자기 남편을 시부모에게 자랑하는 지혜롭고 사랑스런 며느리는 하나님이 내게 주신 가슴 벅찬 선물이다.

"어머니! 이처럼 좋은 아들을 제게 주셔서 정말 감사합니다. 어제는 남편이 저를 위해 샐러드를 만들어주었어요. 이렇게 좋은 사람이 제 남편이어서 정말 행복해요."

며느리가 전해주는 아들의 일상을 들으면, 나는 따뜻한 봄날이 되고, 맑고 시원한 가을하늘이 된다. 장성해서 누군가에게 하나님의 선물이 되길 바랐던 아들이 그렇게 되고 있어 기쁘다.

하나님이 주신 두 번째 선물

둘째를 임신하고 내 마음은 가끔 작은 싸움을 했다. 딸이면 좋겠다는 마음과 혹 아들인데 그런 소원을 가지면 안 된다는 마음이 조용히 충돌하곤 했다. 입덧도 별로 없어 잘 먹었더니 내 얼굴도 예뻐졌다. 태동까지 너무 조용해서 겁이 날 정도였다.

'엄마, 걱정 마세요. 저 여기 있어요.'

이렇게 말하듯 나를 안심시킬 정도로만 살짝 움직였다. 산달이 가까워질수록 딸이라는 생각이 커져갔다. 그래도 내 생각을 억눌렀다.

'아들이어도 좋아. 아들 둘이어도 괜찮아.'

예수전도단 간사로 산골에서 살다가 임신 9개월에 처음 도시에 있는 산부인과를 찾았다.

"분홍색 아기 옷을 준비하셔도 좋겠네요."

'딸이구나!'

속으로 크게 외치며, 병원을 나오자마자 뒤뚱뒤뚱 꽃집을 찾아 뛰었다.

"분홍 장미 한 송이 주세요."

장미 한 송이를 사서 배 속에 있는 딸에게 내밀었다.

"자, 선물이야."

딸이 태어나자 우리 가족의 분위기가 달라졌다. 오빠가 되었다면서 큰아이가 여동생을 예뻐했다. 무엇보다 남편에게 딸은 특별한 선물이었다. 딸이 밤에 자다가 뒤척이거나 조금만 울어도 남편은 벌떡일어났다. 신기하게도 남편은 딸아이의 울음소리를 잘 들었다. 남편의 새로운 모습을 보는 재미가 컸다.

"엄마가 빨래 할 동안 여기 앉아 있을 수 있지?"

이 말 한마디에 딸은 빨래가 끝날 때까지 그 자리에 정말로 가만히 앉아 있어서 나는 놀랐다. 한 순간도 눈을 뗄 수 없었던 아들과많이 달랐다. 레이스를 만든다며 멀쩡한 치맛단에 가위질을 하고, 엄마한테는 운동화보다는 예쁜 구두가 더 어울린다며 분홍 구두를 신고 외출하게 만드는 영락없는 딸이었다.

"딱 한 번만!"

검지를 살짝 내밀고 눈웃음 가득한 얼굴을 치켜들어 마음 약한 엄마를 번번이 흔들었다. 그렇게 '딱 한 번만'을 말하며 네 살까지 모유를 먹었다.

태국 치앙마이에서 진행하는 선교사 훈련학교를 우리 부부가 도와줄 때였다. 그때 새롭게 건축된 백화점에 갔는데, 딸아이가 쏜살같이 앞서 가기에 따라갔다. 딸은 옷 가게에 들어가 입고 있던 원피스를 훌러덩 벗고서 벽에 걸린 노란 원피스를 손가락으로 가리키며 당당하게 서 있었다. 딸아이는 분명하게 요구했고, 원하는 것을 얻을 때 협상과 타협을 적절히 하며 규칙에 얽매이지 않았다. 늘 부모의 주머니 사정을 살피며 사고 싶어도 가격표를 먼저 보고 슬쩍 내려놓는 큰아이를 키우다가 자유로운 딸을 대하니 느낌이 색달랐다.

햇살이 거실까지 스며든 나른한 오후, 전화벨이 울렸다. 그런데 통화를 제대로 할 수가 없었다. 딸이 내 옆에서 계속 통화를 방해했기 때문이다. 울면서 뭐라고 말하는 통에 그만 전화를 끊어야 했다.

"엄마가 통화할 때, 그렇게 방해하면 안 되지?"

나는 화난 표정으로 아이를 나무랐다. 아이가 자기 이름을 반복해서 말하면서 울먹이는 통에 무슨 말을 하는지 잘 알아듣지 못했다. 그러다가 한참 후에야 그 이유를 알게 되었다. 당시 나는 전화를 받을 때 습관적으로 큰아이 이름으로 말했는데, 딸이 자기 엄마도 된다면서 자기 이름을 계속 말하고 있었다. 나는 너무나 미안해서 아이를 꼭 안아주었다.

"그럼, 우리 딸의 엄마도 되고 말고."

그처럼 엄마 딸임을 주장하던 딸이 사춘기에 접어들면서 부모와 충돌했다. 그 충돌이 너무 거세서 나는 한동안 사역과 강의도 중단했다. 자녀양육이나 이성교제에 대해서 강의할 수가 없었다. 그동안 가르치고 전달한 내 가치와 지식이 이론에 불과한 것 같아 회의와 좌절이 밀려왔다. 이 상황을 타개할 방법을 몰라 밤낮으로 성령을 의지하며 부르짖었다. 온 가족이 금식하며 그분의 음성을 기다렸다. 그분을 의지하는 자를 멸시치 않으시는 하나님이 각자에게 깨달음을 주셨다.

남편과 나에게는 아이를 인정하라고 말씀하셨고, 딸에게는 부모의 사랑을 신뢰하라고 말씀하셨다. 나와는 많이 다른 딸아이의 특성과 성향을 인정하고 존중하니 마음이 편해졌다. 내 틀 안에 있던 딸이 아닌, 있는 모습 그대로의 아이가 보였다. 그 안에 있던 많은 장점이 눈에 들어왔다. 나는 열여덟 살이 된 딸에게 열여덟 송이의 장미를 선물했다.

또 다른 선물이 된 딸아이의 사춘기

딸의 사춘기를 통해 나는 사람을 이해하는 폭도 넓어지고 사고하는 방식도 넓어졌다. 다른 사춘기 청소년들을 사랑하게 되었고, 그들의 부모와도 더 공감하게 되었다. 무엇보다 질풍노도의 시기 속에 있는 아이들을 위해 소망 가운데 기도하는 법도 배웠다. 나는 딸의 사춘기를 통과하면서, 자녀의 사춘기도 중요한 하나님의 선물임을 알았다. 어느덧 20대가 된 딸이 첫 월급을 받고 말했다.

"먼저 하나님께 십일조를 드리고, 나머지는 몽땅 엄마 아빠께 드릴게요."

이렇게 말하는 딸이 대견하면서도 안쓰러웠다. 나는 아직도 그 돈을 쓰지 못하고 있다. 아니 쓸 수가 없어서 서랍 속에 두었다. 학비를 모으기 위해 땀 흘리며 일한 딸의 첫 월급을 차마 쓸 수가 없었다.

딸은 지금 일터에서 빛을 발하고 있는데, 기독교인이 아닌 사람들과도 잘 어울린다. 틀에 얽매이지 않는 자유로움은 타인에게 접근성과 친화력을 갖게 한다. 어려서부터 누려온 하나님과의 친밀감은 주변 사람들에게 신선한 감동이 된다고 한다. 인생의 의미와 삶의 가치를 동료에게 말해주며 그들의 좋은 친구가 되고 있다. 방황 끝에 확립한 성경적인 기준과 분명한 가치는 다른 이들에게 오히려 선망의 대상이 된다니 감사할 뿐이다.

"최근 전도한 직장 동료에게 줄 선물이에요."

딸이 신앙서적 한 권을 들고 나가며 말했다.

내게 주신 하나님의 선물인 딸이 어느덧 자라서, 세상 사람들에게 보낸 하나님의 선물이 되니 정말 기쁘다.

세 번째 하나님의 선물

새벽에 잠이 깼다. 성경을 읽고 기도하다가 나른한 몸을 소파에 기댔다. 아이가 발로 톡 차는 느낌이 들더니 양수가 터졌다. 나는 당황하지 않았다. 오히려 설명할 수 없는 환희와 기쁨과 평안이 나를 감쌌다. 나는 차분하게 남편을 깨웠다. 그리고 가까이 사시는 이모님께 전화하고 머리를 감고 병원에 가져갈 가방을 점검했다.

셋째 임신 기간에는 한 번도 병원에 가지 않다가 출산하는 날 처음 갔다. 그래서였을까. 아니면 위로 두 명을 자연분만하고 셋째를 낳으러 왔기 때문이었을까. 바쁜 간호사들은 나를 잊었는지 관심을 갖지 않았다. 호흡법으로 진통을 혼자 다스렸다.

"지금 아기를 낳을 것 같은데요."

진통의 간격이 좁아질 대로 좁아졌을 때, 내가 먼저 간호사를 찾아가서 말했다. 간호사는 내 표정을 얼핏 살피더니 아직 아니라고 말했다. 진통 간격이 초 단위라고 다급하게 말하자 그제야 나를 분만실에 데리고 갔다. 분만대에 오르자마자 철퍼덕하며 아기가 물에 떨어지는 소리가 났다. 나는 아기를 낳고 분만대에서 내려와 의사와 간호사한테 일일이 인사했다. 밖에서 기다리던 이모님은 두고두고 그때 얘기를 하신다.

"난 애기 낳고 웃고 나오는 너 같은 산모는 처음 봤다."

그렇게 셋째를 하나님의 선물로 받았다.

돌이 지났는데 아직도 기저귀를 차냐며 주위에서 야단이었다. 영양분도 없는 모유를 언제까지 먹일 거냐며 다들 걱정했지만 나는 웃어넘겼다.

"스무 살이 되어서도 기저귀를 차겠어요? 그때까지 엄마 젖을 달라고 하는 아이는 없지요."

맛있게 엄마 젖을 먹고 있는데 굳이 일찍 뗄 이유가 있을까 싶어서 나는 기다렸다. 아이가 스트레스 받지 않고 스스로 그만두겠다고 할 때까지 기다렸더니 24개월이었다.

아이가 젖을 뗀 후 몇 년 동안 우리 가족은 언어와 문화가 다른 곳을 옮겨다니며 살았다. 그사이에 아이한테 몇 가지 틱 현상이 나타났다. 속으로 염려가 되어서 기도했지만 가족 중 누구도 드러내놓고 지적하지 않았다. 그랬더니 어느새 틱 현상이 사라졌다.

아이가 생선을 못 먹겠다고 했을 때 나는 괜찮다고 했다. 엄마도 어렸을 때 삼키기 힘든 음식이 있었다고 말해주면서 어떻게 극복했는지 얘기해주었다. 그러던 어느 날 아이가 음식 만화를 재밌게 읽더니 생선 요리를 해달라는 것이 아닌가.

홈스쿨 수업이 끝나면 아이들과 동네 하천가를 자주 산책했다. 저만치 앞서가던 막내가 뒤돌아서 나를 향해 달려왔다. 상기된 얼굴로 숨을 몰아쉬더니 불쑥 풀꽃 한 송이를 내밀었다.

"엄마, 선물이에요."

막내아들은 살갑게 사랑 표현을 해서 나를 행복하게 했다. 누나를 따라 그림을 그리고 인형놀이를 하면서 친구로 지낼 줄도 알았다. 나무칼을 다듬고 컴퓨터 자판을 두드리며 형도 따라했다. 엄마 아빠랑 성경을 읽다가 근심 어린 표정으로 "내가 커서 결혼해서 하나님을 덜 사랑하게 되면 어떡하죠?"라는 질문을 할 정도로 하나님을 사랑했다.

비오는 날은 산책길에서 달팽이들을 구해주고, 추운 날에는 길고양이 걱정에 잠을 설쳤다. 가족들이 큰소리로 다투면 한쪽 구석에서 울음을 터뜨려서 상황을 종료시켰다. 형과 누나가 잘못했을 때 얼마나 그들을 열심히 변호하던지, 그 모습을 보고 있으면 웃음이 저절로 나왔다. 주일에는 미디어를 금한다는 가족의 규칙을 가장 잘 지켰다.

하루는 캠퍼스 사역을 마치고 집에 왔더니, 일곱 살 막내아들이 실내 자전거를 타고 있었다. 온몸이 땀으로 젖어 있길래 운동을 많이 해서 그런 줄 알았다. 그런데 자전거를 타면서 큰 소리로 외치며 기도하고 있었다.

"전 세계 대학 청년 사역자들에게 전략을 주소서."

"온 열방의 청년들이 주를 기억하며 돌아오게 하소서."

아이는 아빠의 기도와 운동하는 모습을 똑같이 따라하고 있었다.

제주 열방대학 부설 기독학교 학생이 된 막내의 짐을 정리하다가 주간 기도 목록표를 발견했다. 요일과 시간별로 나눈 칸에는 가족, 나라, 열방, 학교, 선생님과 친구들의 이름이 빼곡히 적혀 있었다. 기도 목록에 있는 '엄마'라는 단어를 보자 가슴이 뭉클해졌다.

아들이 열방대학 식당에 있는 세계지도 앞에서 기도한다는 말을 전해듣고는 왜 그런 기도를 하게 되었는지 물어보았다.

"엄마도 날마다 세계를 위해 기도하고, 기도목록표를 가지고 기도 하잖아요. 엄마 닮은 거죠."

막내가 씩 웃으며 대답했다. 열방을 향한 하나님 아버지의 마음 까지 보여주는 막내가 기특하고 고마웠다. 기특한 자녀를 선물로 주신 하나님께 정말 감사했다.

선물은 그냥 받으면 된다. 감사하게 받아서 가슴에 안아보고 설 레는 마음으로 포장을 풀고 기뻐하면 된다. 나는 우리 아이들을 하 나님의 선물로 받았다. 그래서 아이들을 보며 선물을 주신 하나님을 생각하며 그분의 진한 사랑을 느낀다. 선물은 언제나 선물 준 이를 생각하고 기억하게 되듯이.

03

—

선물을 보호하고
값지게 가꾸는 방법

네 살이 된 큰아이가 씩씩거리며 집에 들어왔다. 화가 난 표정으로 무슨 말인가를 중얼거렸고, 아들 뒤에 따라 들어온 남편도 표정이 좋지 않았다.

"무슨 일이 있었나요?"

"아빠가 돼가지고….."

내 질문에 아들이 먼저 대답했다. 계속 물어봐도 설명은 안 하고 같은 말만 중얼거렸다. 한참 후에 큰 소리로 아빠에게 항의했다.

"아빠가 돼가지고, 자식을 버릴 수 있어요?"

두 남자가 내 앞에서 자초지종을 설명했다. 남편은 점심을 먹고, 선교사 훈련학교 강의실로 출발했었다. 아빠를 따라다니기를 좋아하는 아들도 함께 나섰다. 가는 길에 커피 자판기가 있었나보다. 남편은 점심을 먹고 나면 으레 커피를 마시곤 했다. 그날도 동전을 넣고 커피를 뽑았는데, 옆에서 지켜보던 아들이 자기도 커피를 달라고 했다. 당연히 아빠는 안 된다고 하면서 대신 코코아를 뽑아주겠다고 말했다. 아들은 끝까지 고집스럽게 커피를 요구했다.

"너는 네 살이기 때문에 아직 커피는 안 돼. 코코아가 싫으면 우유를 줄게."

"싫어요. 나도 커피!"

"너는 코코아를 마시거나 우유를 마셔야 해. 커피는 어른들이 마시는 거야."

두 남자가 커피 자판기 앞에서 실랑이를 했다. 그런데 갑자기 '나도 커피, 나도 커피' 하던 아들이 급기야 땅에 뒹굴었다. 지켜보던 남편은 아들을 길바닥에 그냥 두고 가버렸다. 그 말을 듣는 순간, 내 마음이 철렁했다.

"아니, 아이를 두고 그냥 갔다고요?"

그 틈에 아들이 또 한 번 혼잣말을 했다.

"아빠가 돼가지고 아들을 두고 가다니…."

남편은 아빠의 관점에서 자세히 설명했다. 아빠는 아이가 처음으로 땅에 뒹군 날, 나쁜 행동을 확실히 고쳐주려고 했다. 그리고 골목 끝에서 가만히 지켜보고 있는데, 뒹굴던 아이가 두리번거리며 아빠를 찾았다. 아빠가 없어서 실망했는지 일어나서 옷을 훌훌 털고, 길을 제대로 찾아왔다고 했다.

"아빠는 너를 사랑한다. 네가 원하는 물건이 있다면 필요할 때 사줄 거야. 그렇지만 떼를 쓰면 안 돼. 아빠 엄마의 말에 순종하는 법을 배워야 해."

남편이 따끔하게 말하고, 모든 상황을 마무리하며 아들을 안아주고 기도해줬다.

선물을 가꾸기 위한 양육 나침반

아들이 네 살이 되어갈 즈음에, 우리 부부는 이제 아이에게 올바른 태도를 가르칠 때가 되었다고 생각했다. 그중에서 부모에게 순종하는 습관이 가장 중요했다. 마침 그때 이 사건이 일어났고, 남편은 분명하고 단호하게 행동했다.

큰아들이 커피 마시고 싶다고 땅에 뒹굴었다가 그냥 돌아온 사건은 나중에 동생들의 생활태도 훈련에 좋은 사례가 되었다. 그 이후에 우리 집에서 떼를 쓰는 일은 없어졌다.

하나님이 선물로 주신 자녀들을 세속적인 잘못된 속성에 물들게 하기보다는 하나님나라의 좋은 습관과 태도를 갖도록 양육해야 함은 당연한 일이다.

자녀들아 주 안에서 너희 부모에게 순종하라
이것이 옳으니라
에베소서 6장 1절

아이들에게 무조건 끌려가지 않고, 아이들의 나이에 맞게 올바르게 양육해야 한다. 그래야 아이들을 잘못된 습관으로부터 지킬 수 있게 된다.

> 미혹하는 자가 세상에 많이 나왔나니…
> 너희는 스스로 삼가 우리가 일한 것을 잃지 말고
> 오직 온전한 상을 받으라
> 요한이서 1장 7,8절

자녀 갖기를 소원하고, 선물로 받은 자녀로 인해 감사하며, 자녀와 함께 행복하게 사는 것은 마땅히 부모가 바라는 일이다. 그러나 이를 위해 자녀양육에 대한 부모의 올바른 지식과 아이의 성장 단계에 맞는 양육 태도를 갖는 것이 중요하다.

우리 부부는 자녀양육을 체계적으로 배울 기회가 없어서 더 노력했다. 첫아이를 키우면서 우리 나름대로의 양육 방법을 결정했다. 내 품에서 곱게 잠이 든 아이를 안고, 나는 앞으로의 양육 원칙을 메모지에 정리했다. 남편도 적극 동의하고 함께 결정한 간단한 육아 원칙은 두고두고 세 아이를 키울 때 중요한 기준이 되었다. 잘못하고 실수할 때마다 다시 돌아오게 하는 자녀양육의 나침반이 되었다.

1-2세 : 안으로 들어간다.

3-5세 : 앞에서 끌어준다.

6-12세 : 옆에서 함께한다.

13-19세 : 뒤에서 따라간다.

20세 이후 : 멀리서 지지한다.

1-2세, 아기의 한가운데로 들어가다

"아니, 그걸 자꾸 뽑으면 어떡하니? 아… 죄송해요. 얘가 자꾸 휴지를 뽑네요."

우리 집을 방문한 한 가정의 아기가 사각 휴지통의 휴지를 뽑았다. 아장아장 걷는 예쁘고 귀여운 아이였다. 아이의 엄마는 미안해서 어쩔 줄 몰라 했다. 나는 괜찮다고 했다. 가만히 웃으면서 휴지통을 그 아이에게 다시 갖다 주었다. 그리고 아이와 함께 휴지 뽑기 놀이를 모두 같이했다. 한 장씩 차례로 뽑아서 공중에 날렸다. 떨어지는 휴지를 다시 날리고, 또다시 날리고, 모두 신나게 놀았다. 날리던 휴지가 자기 얼굴에 떨어지면 아기는 소리 내어 웃었다. 아기도 엄마도 아빠도 나도 행복했다.

뽑힌 휴지는 다시 사용하면 된다. 휴지 뽑기는 돌 전후의 대부분 아이들이 좋아하는 놀이(?)다. 한 살 된 아기가 휴지가 아깝다며 절제한다면, 아기가 아니다.

우리 아이들도 아기 때 휴지 뽑기를 좋아했다. 카세트 테이프의 줄을 뽑은 날도 있었다. 카세트 테이프를 망쳐놓았지만, 우리 부부는 아이를 혼내지 않았다. 그건 아이가 잘못한 일이 아니기 때문이다. 다만 중요한 테이프는 아이 손이 닿지 않는 곳에 두고, 대신 여러 개의 놀이용 테이프를 내어주었다.

온전한 용납, 전적인 지지

이 시기의 모든 아이는 절대적인 돌봄이 필요하다. 먹고, 자고, 배설하고, 몸을 움직이는 모든 일을 엄마가 해결해줘야 한다. 부모에게 자기를 완벽하게 맡기는 시기이기 때문이다. 스스로 아무 일도 못하는데도 이 시기에 아이가 가장 **빠르고** 왕성하게 자란다. 천장만 보고 한없이 누워 있던 신생아가 그 작은 몸을 움직여 어느 날 뒤집기에 성공한다. 그러다가 발바닥을 사용해서 방바닥을 밀고, 기는 법을 터득해서 기다가 어느 날은 벽을 잡고 힘을 주며 일어난다. 두 발로 일어서는 맛을 알면 또 금세 엄마, 아빠의 손을 잡고 몇 발짝을 떼는 걸음마에 열중한다. 이렇게 급속한 성장기에는 부모의 각별한 보호와 온전한 용납과 사랑의 돌봄이 꼭 필요하다.

한 살 된 아이가 잘못하는 일은 없다. 실수하는 일도 없다. 아이들이 하는 모든 일은 그 자체로 정상이다. 모든 부분에서 완전한 용납을 받고 자라야 하는 시기다. 많이 안아주고, 가능하면 모유수유를 하면서 눈을 바라보고, 울음소리로 의사를 표현할 때 즉각적으로 필요를 파악해서 채워주고, 옹알이를 즐겁게 따라해야 한다. 아이들이 하는 모든 행동에 박수를 보내고 환호해주면 아이들은 자신감을 갖게 된다. 이 자신감이 평생 소중한 자원이 된다.

'내가 태어나길 참 잘했구나. 나는 소중한 사람이고 또 사랑받기 충분한 존재이구나.'

이런 인식이 자신도 모르게 분명해진다. 나는 아이들이 두 살이 될 때까지 아이와 일심동체였다. 그 안에 들어가서 마치 아이들과 한 사람처럼 살았다.

3-5세, 아이들 앞에서 걷다

휴지를 뽑아도 괜찮고, 카세트 테이프를 망쳐도 괜찮던 아이들이 세 살이 되었을 때 우리 부부는 양육 방법을 발전시켰다. 본격적으로 올바른 태도를 가르쳐야 하는 나이가 되었다. 세 살 버릇이 여든까지 간다는 우리 속담은 딱 맞는 말이다.

우리 부부는 실수와 잘못된 행동을 구분했다. 실수는 용납하고 기다려주었지만, 잘못된 행동은 따끔하게 혼을 냈다. 아이가 커피를 마시겠다는 것은 잘못이 아니지만, 아빠의 말을 듣지 않고 땅바닥에 뒹굴었다면, 이는 잘못이다.

딸은 이 시기에 물을 계속 엎질렀다. 아이들이 불안해할 만한 환경이 아니었는데도, 물을 엎지르고 종종 그릇을 깼다. 그렇지만 그 일로 아이를 혼내지 않았다. 그건 실수이기 때문이다. 가족의 시간을 가질 때마다 딸이 물을 엎지르지 않도록 기도해줬다. 몇 년 후 언제부터인지, 더는 물을 엎지르지 않았다.

남편이 선교사 훈련학교 책임자로 있을 때, 여러 간사 가정이 선교사 훈련을 받으러 훈련학교에 들어왔다. 아이들도 함께 어울려 놀면서 즐거운 시간을 보냈다. 그런데 그때쯤 큰아들이 자꾸 다른 아이가 만들어놓은 블럭을 쓰러뜨렸다. 남편이 따끔하게 혼을 내고 종아리를 때렸다.

'기껏 서너 살 된 아이가 친구의 블럭을 쓰러뜨리는 일이 얼마나 큰 잘못이겠는가?'

이렇게 반문할 수 있다. 그러나 아이는 그 자체로 천사가 아니다. 부모가 함께 결정한 분명한 기준으로 양육받지 않으면 저절로 좋아지지 않는다.

절대적인 용납의 시기를 지나면, 조금씩 훈육에 들어가야 한다. 이 때부터 대략 다섯 살까지는 부모가 앞서서 끌고 가야 하는 시기다. 부모가 아이에게 끌려다녀서는 안 된다는 뜻이다. 일반적으로 두 살 전후에 아기들은 자아 인식과 인지 능력이 왕성하게 발달한다. 아이는 신세계를 발견한듯 소유 개념에 눈을 뜬다. "내 거야"를 외치며 자기 물건을 끌어안고 내놓으려 하지 않는다. 어디 물건뿐이겠는가. 엄마도 자기 엄마임을 각인시키고, 아빠도 자기 아빠임을 자주 확인한다. 스스로 무언가를 해보겠다고 애를 쓰기도 한다. 아이가 활발하게 성장하고 있다는 증거이므로 그 자체는 좋은 일이다.

그러나 자녀교육에 있어 첫 단추를 끼우는 중요한 시기에 자기 마음대로 하면 안 된다고 분명하게 알려줘야 한다. 사실 아이는 자기 마음대로 하도록 내버려두면, 깊은 불안감을 느끼게 된다. 자신을 보호하는 울타리를 자신이 만들어야 하기 때문이다.

그러나 어떤 울타리가 좋은 보호막인가를 아이들은 알지 못한다. 부모에게 순종하는 태도는 하나님이 약속한 가장 견고한 울타리이다. 부모에게 순종하는 법을 배운 아이는 부모가 만든 울타리 안에서 안전하게 산다.

일관성 있는 훈육

이 시기에는 규정이 있어야 한다. 이를 지키지 않을 때는 당연히 징계해야 한다. 매를 때리지만 그렇다고 아이를 학대하듯 때리면 안 된다. 감정에 못 이겨 손으로 때리는 것도 잘못이다. 우리 가족은 작은 대나무 회초리를 만들었고, 규칙을 어기면 징계를 했다. 아이들이 규칙을 어기면 설명할 기회를 먼저 주었다. 그다음에 생각하는 시간을 주었다.

같은 잘못을 반복해서 저지르면 자기가 어떤 사람이 될지를 생각해 보라고 했다. 그리고 가족이 함께 결정한 생활 규칙을 기억하게 했다. 나는 사실 아이가 말로 충분히 이해하면 굳이 매를 들고 싶지 않았다. 그러나 훈련이 되기 전까지는 정해진 규칙에 따라 아이들에게 매를 들었다.

손바닥과 종아리 중에서 매 맞을 곳을 정하게 하고, 몇 대를 맞을지도 아이가 정하게 했다. 징계의 매를 가할 때는 아주 단호하고 세게 때렸다. 매를 때려야 할 때는 반드시 같은 곳을 때려야 한다. 그래야만 아이들이 자기 잘못을 징계로 받아들인다. 다시는 같은 잘못을 범하지 말아야겠다고 결심하도록 세게 때렸다. 간혹 몇 대를 맞을지 결정할 때, 내가 예상한 것보다 더 많이 맞겠다고 할 때가 있었다. 스스로 큰 잘못이라고 생각하여 자숙하는 것 같았다.

매를 아끼는 자는 그의 자식을 미워함이라

자식을 사랑하는 자는 근실히 징계하느니라

잠언 13장 24절

징계의 매를 든 다음에는 아이를 안아주면서 말해주었다.

"이 매는 네 안에서 잘못을 몰아내기 위한 거야. 이렇게 하는 것은 너를 아주 많이 사랑하기 위해서란다."

아이는 눈물을 흘리며 고개를 끄덕였다. 잠든 아이의 종아리에 남아 있는 매 자국을 만지며 눈물을 훔치느라 잠 못 이룬 날도 가끔 있었다. 그런데 일곱 살 이후에 매를 든 경우는 없었다.

징계가 자녀를 향한 부모의 사랑이기 때문에 올바른 지식이 필요하고, 엄마 아빠가 같은 마음으로 행해야 한다. 아이가 자기 잘못을 인식하지 못하면 징계의 필요와 목적을 충분히 얘기해야 한다. 나는 징계 수단과 방법도 자녀들과 함께 만들었다. 아무리 아이일지라도 서로 동의하고 약속한 상태에서 이뤄지는 징계는 사랑으로 받아들이기 때문이다.

징계는 일관성이 있어야 한다. 감정적으로 그때그때 달라지면 안 된다. 큰아이가 다섯 살, 둘째가 두 살이었을 때 우리 부부는 예수전도단 간사들과 공동체 생활을 했다. 간사들과 함께 살다보면 아이들이 다른 간사의 방에 쉽게 들어간다. 평소에 이모 삼촌처럼 친하게 지내기 때문에 방에 들어가는 것을 못하게 할 수는 없다. 공교롭게도 그 기간에 우리 아이들의 순종 훈련 기간이었다.

우리 부부는 다섯 가지 규칙을 정했다.

· 첫째, 엄마 말은 한 번에 듣는다. 엄마가 말하면 한 번에 순종해야 한
  다. 엄마의 권위를 세우며 동시에 아이들의 순종 훈련을 위해서였다.
· 둘째, 나쁜 말을 하지 않는다. 만약 좋은 말을 할 수 없으면 말을 하
  지 않는 것이 낫다. 아이들이 좋아한 어느 만화 영화에 나온 대사이
  기도 하다.
· 셋째, 형제들과 싸우지 않는다. 만약 싸운다면 엄마 아빠가 충분히
  사정을 듣고 시비를 가려서 누구도 억울함이 없게 하겠지만, 매는 함
  께 맞는다. 싸움은 누군가가 욕심을 부리고 누군가는 양보와 배려
  를 하지 않아서 생기므로, 아이들 스스로 싸우지 않고 더불어 사는
  법을 터득하게 하기 위해서 정했다.
· 넷째, 공공질서를 지킨다. 세상의 빛으로 사는 부르심에 관하여 아이
  들과 충분히 대화하고 결정했다.
· 다섯째, 다른 사람의 물건에 함부로 손대지 않는다. 공동체 생활이
  많은 우리 가족의 특수성 때문에 이 규칙을 정했지만, 타인의 소유물
  에 대한 올바른 태도를 배우는 계기가 되었다.

이중에 마지막 규칙이 간사들의 물건을 만지면 안 된다는 것이었
다. 아이들에게 충분히 미리 이야기했어도 가끔 이모와 삼촌들의 물
건을 만졌다. 그러면 징계를 받았다. 두 살 아이도 몇 번 징계를 받
더니 절대로 간사들의 물건을 만지지 않았다. 징계의 일관성이 있으

면 그 효과가 분명하게 나타난다.

공공 예절을 지키는 아이

가끔 미리 정해놓은 징계 규칙에 없는 잘못을 할 때가 있었다. 그럴 때는 혼내지 않았다. 예상하지 못한 행동이 반복되면, 아이에게 충분하게 설명하고 임시로 규정을 추가했다. 실제로 징계와 순종 훈련은 짧은 기간에 끝난다. 약 세 살에 시작한 우리 아이들의 순종 훈련은 다섯 살 전후에 어느 정도 완성되었다. 어린 나이에 순종을 배운 아이는 평생을 살아가는 지혜를 터득한다. 그래서인지 치열한 갈등이 있었던 사춘기 이전까지는 징계할 일이 없었다.

"어쩌면 이 집 아이들은 이렇게 조용한가요?"

아이들과 식당에 가면 종종 듣는 이야기였다. 우리 가족만 외식할 때도 조용했지만, 여러 사람들과 함께 식당에 가도 아이들 때문에 어려움이 없었다. 우리 아이들이라고 지루하지 않았을 리가 없다. 집에서는 활발하게 떠들고 운동장에서는 신이 나서 뛰어노는 아이들이었다. 다만 비결이 있었다.

"식당에서 어른들과 밥을 먹을 때는 메뉴를 고집하면 안 된다."

"시끄럽게 떠들거나 식당 안을 뛰어다니면 절대로 안 된다."

"지루할 것 같으면 각자 책을 하나씩 갖고 가라."

집을 나서기 전에 나는 아이들에게 미리 이야기했다. 미리 알려주어야 한다. 그래야 아이들도 예상하고 예방할 수 있다. 아이들은 가르쳐주면 잘 따른다. 그런데 가르치는 때와 장소가 중요하다. 문제를 일으킨 그 순간에 가르치려고 하면 교육의 효과가 없다. 그날은 어쩔 수 없다. 집에 돌아와서 그 시간을 돌아보면서 아이들과 대화했다. 몇 번을 이렇게 하니 식당에서는 조용히 하는 것을 당연하게 받아들였다.

공공 예절을 가르치는 이유는 아이들이 사회 구성원으로 살아가면서 타인을 향한 존중과 배려를 배워야 하기 때문이다. 더 나아가 하나님나라를 추구하는 군사로서 다른 사람에게 축복이 되어야 한다. 이런 교육은 빠를수록 좋다. 나는 아이들이 다섯 살이 되기 전에 공공 예절을 집중적으로 가르쳤다.

그래서 우리 부부는 작은 질서부터 잘 지키며 본을 보이고자 했다. 신호등을 비롯한 교통질서도 그중 하나였다. 남편은 한 번도 고의적으로 속도위반을 한 적이 없다. 아이들에게 공공질서를 가르치기 위해 부모가 본이 되었다.

나는 가끔 공원에서 쓰레기를 아무렇지 않게 길에 버리는 엄마나 놀이기구 앞에서 새치기하는 아빠들을 보았다. 또 기저귀를 화단에 쑤셔두고 자리를 뜬 젊은 엄마도 있었고, 주차요원의 말을 무시하는 젊은 아빠도 있었다. 그런 모습을 볼 때면 나는 부모의 모습을 지켜보고 있는 아이가 염려된다. 어린이집이나 유치원, 또는 학교에서 배운 것과 다른 부모 모습에 아이가 얼마나 혼란스러울까. 어린아이의 가치관은 흔들릴 테고 그러면 아이가 불안하게 자란다.

자녀는 부모의 제자다. 부모를 따른다. 부모를 보면서 똑같이 따라한다. 그래서 말도 행동도 부모를 닮는다. 자녀는 부모를 비추는 거울이다. 공공질서를 잘 지키는 아이로 훈련하려면 부모가 본이 되어야 한다. 다섯 살 아이라도 부모가 하는 행동을 지켜보고 있다는 사실을 기억해야 한다.

아이들이 두 살이 지나면서 나는 아이들에게서 조금씩 빠져나왔다. 무조건 용납하지 않고, 아이들의 행동을 구분하여 그에 맞게 훈육했다. 남편과 역할 분담을 분명히 해서 많은 도움이 되었지만, 그래도 아이들을 혼내고 나면 마음이 힘들었다. 그러나 훈육하는 일을 미루면 안 된다.

6-12세, 아이들 옆에서 함께 걷다

2000년 6월에 미국에서의 사역을 마치고 한국에 돌아와서 작은 집에서 살았다. 처음 몇 년은 아이들이 모두 어려서 한 방에서 생활해도 불편하지 않았다. 그런데 막내가 여섯 살이 되고 누나가 열 살이 되자, 둘이 생활하기에 방이 좁았다. 큰아이는 작은 방이나마 따로 있었는데, 동생 두 명의 침실을 놓을 공간이 필요했다. 거실 겸 통로로 사용하는 공간에 아이들의 침대를 만들기로 계획을 세웠다.

그 당시에 우리 가족은 경제적으로 여유가 없어서 아이들에게 맞는 침대를 구입할 형편이 못 되었다. 아이들에게 돈이 부족하다고 이야기하고, 오래된 옷장으로 침대를 만들자는 제안을 했다. 남편이 선교지를 방문해서 집에 없는 기간에 나는 작업을 시작했다. 톱과 망치를 든 엄마를 아이들이 응원했다. 방에 있는 옷장을 과감하게 옆으로 넘어뜨리고 문짝을 떼어냈다. 다행히 옷장은 튼튼했다. 몇 군데를 손본 다음에 이층 침대를 만들어 아이들에게 선물했다.

"자, 어떠니?"

"와, 멋진 침대가 되었네요. 엄마! 대단해요."

옷을 넣던 공간은 막내의 잠자리와 놀이공간이 되었고, 그 위는 둘째 딸의 침대가 되었다. 허름한 옷장을 개조한 작은 이층 침대는 몇 년 동안 우리 아이들의 보금자리였다. 〈나니아 연대기〉에 나오는 옷장과 비슷해서인지 막내는 좁은 공간을 아늑하다고 좋아했다. 딸도 엄마표 이층 침대를 좋아했다.

옷장으로 침대를 만드는 엄마를 보면서 아이들은 자연스럽게 재정 교육을 받았다. 돈이 없어도 방법을 찾는 엄마, 집이 좁아도 아늑한 공간을 만들어내는 엄마를 자랑스러워했다.

아이들에게 재정 교육을 시작해야 할 가장 적절한 나이가 6-12세 기간이다. 우리 가족은 정기적으로 재정을 보고하는 시간을 가졌다. 지금 필요한 돈이 얼마이고, 우리가 갖고 있는 돈은 얼마인지 아이들에게 자세히 알려주었다. 그리고 온 가족이 손을 잡고 함께 기도했다. 그러면 항상 돈이 채워지는 응답을 받았다. 아이들과 재정 상황을 공유하면, 아이들의 경제관념이 자연스럽게 만들어진다. 부모가 돈을 절약하기 위해 얼마나 수고하는지 자연스럽게 배워가면서 아이들도 사고 싶은 욕구를 절제하게 된다.

돈이 최고라는 맘몬의 영향력이 막강한 세상에서 우리 아이들이 자라고 있다. 부채가 늘어나는 가정이 걷잡을 수 없이 많아지고 있다. 절약과 절제 등 올바른 재정 관리를 가르치는 좋은 방법은 아이들에게 가정의 재정 상황을 알려주면서 시작한다. 돈이 부족하다고 말하는 것은 전혀 부끄러운 일이 아니다. 늘어나는 부채를 아이들이 모르고 있는 것이 더 걱정스런 일이다. 돈을 중심으로 돌아가는 세상에서 우리 아이들을 지켜야 한다. 그래야 우리가 받은 선물이 훼손되지 않고 잘 보존된다.

아이는 엄마 아빠의 인생 동역자

아이들이 어느 정도 성장하자 나는 간사로서 사역하기를 원했다. 강의도 본격적으로 시작했다. 내가 지금 강사가 된 것은 전적으로 아이들의 도움 덕분이다. 나는 설교하기 전에 아이들 앞에서 먼저 시범을 보였다. 대학사역의 리더였던 남편은 여성 설교자가 더 많이 나와야 한다면서 나에게 많은 기회를 주었다. 나는 캠퍼스 모임에서 설교하고, 예수전도단 캠퍼스 워십과 여러 훈련 학교에서 강의했다.

그러다가 캠퍼스 연합 모임을 겸한 '캠퍼스 워십 투어'에서 설교하게 되었다. 다른 단체의 학생들이 많이 참석할 예정이고, 대학교의 교직원들도 참석할 거라고 했다. 내가 사역하는 예수전도단에서 설교하는 일은 어느 정도 적응이 되었는데, 외부 연합모임은 조금 자신이 없었다.

그래서 아이들 앞에서 설교 시범을 보인 후에 말했다.

"이제 자유롭게 조언해줘."

"음, 또 시간이 초과되었어요. 조금 더 줄여야 해요."

"그렇구나! 엄마가 너무 떨리네. 그런데 내용은 어때?"

"엄마 설교는 항상 내용이 좋아요. 자신감을 더 가지세요."

아이들이 엄마의 설교에 대해 적극적으로 조언해줬다. 연합 모임은 순서가 많아서 설교 시간을 정확하게 지켜야 했다. 원고를 참고하면서 몇 번 연습했지만, 자꾸만 시간이 초과되었다. 아이들 세 명이 각자 관심 분야에서 도와주었다. 막내는 시간 계산을 좋아했고, 큰아들은 설교 내용에 관심이 많았다. 딸은 떨리는 내 손을 가만히 잡아주었다.

남편도 중요한 강의와 세미나는 아이들에게 먼저 시범을 보였다. 사실 남편은 그럴 필요가 없는데, 굳이 그런 시간을 중요하게 여겼다. 가족의 시간은 종종 '남편의 설교 미리 듣기' 시간이었다. 어느 날 남편에게 뜻밖의 이야기를 들었다.

"우리가 가정 밖에서 하는 일을 아이들에게 알려주고 싶어서 이런 시간을 갖는 거야. 아이들은 부모가 하는 일을 알고 있어야 해."

나와 보내는 시간이 많아서인지 아이들은 엄마에 대해 잘 알았다. 그렇지만 아빠에 대하여 더 알려줄 필요가 있었다. 그때 남편은 아주 바쁜 시간을 보내고 있었다. 토요일에 정기적으로 갖는 가족의 시간만으로는 턱없이 부족했다.

아빠가 어떤 사람이고, 어떤 사역을 하고 있으며, 어떻게 성장했는지 알려주고 싶었다. 그래서 홈스쿨 시간에 특별 프로젝트를 진행했다. 아빠의 전기문 쓰기였다. 아이들에게 아빠에 관한 글을 쓰라고 했다. 아빠를 인터뷰하고, 가정 예배 설교 시간에 들은 예화를 정리하고, 내가 알려준 아빠 이야기에 귀를 기울였다. 큰아들이 쓴 아빠의 전기문은 1,2부로 나누어 아빠의 일생과 일상을 잘 표현했다. '아빠 전기문'을 계기로 아이들이 아빠를 이해하고 존경하게 되었다.

미국에 사는 교민 가정에는 효자 아이들이 많다. 물론 한국에도 부모님을 사랑하고 신뢰하는 아이들이 많겠지만, 우리가 만나본 미국에 거주하는 한인 아이들은 부모를 특별히 생각했다. 콜로라도 스프링스의 한인 교회에서 제자훈련을 인도하면서 그 이유를 알게 되었다. 대부분 교민들이 사업을 하면서 인건비 절약을 위해 아이들까지 함께 일할 때가 많다. 그래서 부모가 얼마나 고생하는지 아이들이 잘 알고 있었고, 서로 공감하는 대화의 소재도 많았다.

한국의 농경문화에서 자란 아이들이 엄마 아빠를 특별하게 사랑하는 이유도 그러하다고 생각한다. 부모가 얼마나 수고하는지를 자연스럽게 볼 수 있었다. 요즘 아이들은 부모가 하는 일을 너무 모르고 있다. 부모와 자녀간에 갈등이 일어나는 원인이 여기 있지 않을까.

막내가 여섯 살이 되고, 딸이 열 살이 되고, 큰아들이 열세 살이 되었을 때, 나는 아이들과 함께 걷는 엄마였다. 아이들은 함께 재정을 위해서 기도하고, 사역하는 엄마를 돕고 응원해주는 가장 든든한 동역자가 되어주었다.

13-19세, 한 발자국 뒤에서 따라가다

"엄마! 조끼 하나만 사주세요."

"응…. 아빠에게 물어봐."

큰아들과 마트에 왔는데, 아들이 조끼를 사달라고 했다. 평소에 무엇인가를 사달라는 이야기를 통 하지 않아서 그랬는지, 내가 다른 생각을 하고 있었는지, 옷을 사달라는 아들의 요청에 아무 생각없이 무덤덤하게 대답했다. 아들이 조용해지고 곧 나도 그 대화를 잊어버렸다. 쇼핑을 다 마치고 집으로 출발할 때였다.

"돼지 갈비가 먹고 싶어요."

"응? 오늘은 집에 가서 밥 먹을 거야."

'오늘 집에 가서 먹을 찬거리를 샀는데 오늘따라 왜 이러지.'

그때 갑자기 불쑥 내뱉는 아들의 말에 나는 깜짝 놀랐다.

"엄마 아빠! 왜 나를 낳으셨어요? 차라리 태어나지 않았으면 더 좋았을 텐데…."

"그게 무슨 말이니?"

무례한 말에 내가 화를 낼 수도 있었다. 하지만 한 박자 쉬고 아들의 말을 들으면서 마음속으로 기도했다.

'하나님, 지금 어떻게 해야 할까요?'

그러자 아이들이 십대가 되면 한 발 뒤로 물러서기로 결심했던 양육 방법이 생각났다. 나는 조용히 물었다.

"정말 하고 싶은 말이 무엇이니? 왜 그런 생각을 했는지 말해줄 수 있어?"

주저하던 아들이 조곤조곤 이야기했다.

"몇 달 전부터 조끼를 사고 싶었고, 기회를 기다리다가 오늘 엄마에게 이야기했는데, 엄마는 아빠에게 물어보라고 하고, 아빠는 안 된다고 하고, 돼지 갈비가 먹고 싶어서 이야기했는데, 그것도 안 된다고 하고. 조끼도 하나 못 사 입고, 내가 먹고 싶어도 못 먹고….”

여기까지 얘기하다가 아들은 울먹였다.

‘음식과 옷을 어린 자녀가 스스로 해결해야 한다면 부모는 왜 있는지 모르겠다는 생각에 그렇게 말했구나.’

나는 충분히 이해가 되었다. 모든 일정을 취소하고 우리 가족은 마트로 돌아갔다. 조끼를 사고, 돼지 갈비를 먹었다.

만약 아들의 말 한 마디에 내가 화를 냈다면, 아들이 진짜 하고 싶었던 이야기를 듣지 못했을 것이다. 그러면 서로에게 불쾌한 감정이 남았을 거고, 그 감정이 서서히 불신으로 자라났을 것이다. 그날 저녁 잠자리에 들기 전에 아들이 나를 향해 환하게 웃으며 말했다.

“오늘 저는 엄마한테 두 번이나 감동 먹었어요. 한 번은 조끼, 또 한 번은 돼지 갈비예요.”

아이의 결정을 존중해주라

십대가 되면서 아이들은 이해하기 어려운 행동을 하거나 갑작스러운 요구를 하기도 했다. 그때마다 나는 아이들에게 질문했다.

“왜 그러니? 정말 하고 싶은 이야기가 있는 거니?”

그러면 내가 전혀 생각하지 못했던 이야기를 쏟아냈다. 아이들 나름대로 고민했던 것들이었다. 만약 내가 주의를 기울이지 않고, 내 마음대로 판단했다면, 자녀와의 관계에 금이 갔을 것이다. 십대가 되면서 아이들이 자주 하는 "왜요?"라는 말은 부모가 자녀에게 물어봐야 할 질문이 아닐까.

아빠와 함께 선교지를 방문하고 돌아온 막내가 갑자기 삭발을 하고 싶다고 했다. 큰아들도 그 나이 때 레게머리와 삭발을 하고 싶어 했는데, 무엇을 먼저 할지 주저하다가 기회를 놓쳤던 일이 생각났다. 그런데 이제 막내가 청소년이 된 것이다. 막내는 열세 살이 된 기념으로 혼자 담대하게 미용실에 가서 삭발을 하고 왔다.

오래전 기억이 떠올랐다. 하루는 큰아들이 한쪽 무릎이 닳아버린 청바지를 잘라서 반바지로 만들겠다고 했다. 그런데 문제는 한쪽만 반바지로 만들고, 한쪽은 긴바지로 입고 싶다는 게 아닌가. 거기서 끝이 아니라 반바지로 만들기 위해 잘라낸 바지 조각을 윗옷에 붙인 옷을 입고 외출하려고 했다. 그건 도저히 허락할 수 없었다. 그런데 지금은 조금 후회가 된다. 그렇게 하도록 했어도 괜찮지 않았을까.

십대 기간에 웬만한 일은 아이들이 스스로 결정하도록 허락하고, 나는 대부분 물러나는 연습을 했다. 아이들이 이 기간에 쏟아내는 각종 이야기들은 하나로 정리된다.

'나를 인정해주세요.'

부모가 자신의 의견을 신뢰하고 존중할 때 아이들은 인정받는다고 여긴다. 그러나 많은 부모가 잘못 행한다. 십대 이전에는 자녀에게 끌려다니다가 청소년기에 오히려 자녀를 끌고 가려고 한다. 그로 인해 부모와 자녀의 관계가 깨어진다는 사실을 모른 채.

십대 이전의 갈등은 해결이 가능하다. 그러나 청소년 시기에 신뢰가 깨어지면, 고통스러운 관계가 지속된다. 부모와 자녀 간에 마음 문이 영영 닫힐 수 있는 위험스러운 기간이 바로 이 시기다.

청소년기의 자녀를 둔 부모는 서서히 물러나야 한다. 부모들이 학력이 높아지면서 자녀들의 많은 부분을 관여하는 시대가 되었다. 또 아이들의 선택이 불안해 보여서 자기도 모르게 조급하게 반응한다. 물론 부모가 더 잘할 수 있지만, 절제해야 한다. 하나님이 선물로 주신 자녀를 지키려면 믿고 한 걸음 물러서는 용기가 필요하다.

아이들이 각각 십대가 되었을 때, 나는 아이들 등 뒤에서 천천히 걸었다. 아이들의 선택을 신뢰하면서 한 발자국 뒤에서 따라갔다.

20세 이후, 신뢰하면서 떠나보내다

우리 아이들은 일찍 결혼하겠다는 이야기를 자주 했다. 특히 큰아들이 어렸을 때부터 결혼을 강조하더니 스물네 살에 동갑내기 친구와 결혼했다. 모기가 나를 대신 물게 기도할 만큼 내 전부였던 아들은 한 여인의 남편이 되었다. 나는 아들을 그렇게 떠나보냈다.

아들의 첫 번째 우선권은 이제 내가 아니다. 그의 아내다. 나는 아이들이 어렸을 때부터 그렇게 가르쳤다. 아들이 자기 아내와 행복하게 사는 모습을 보고 있는 나는 가장 행복한 엄마다.

이 글을 쓰고 있는 현재, 두 아이가 20대를 보내고 있다. 어렸을 때는 내 품을 떠날 날이 까마득하게만 느껴졌었는데, 벌써 아이들이 20대가 되다니. 시간이 정말 빠르게 지나간다. 결혼 초에 만들었던 아이들이 자랄 때마다 엄마로서 내 위치를 조금씩 바꾸자는 그 원칙들은 세 아이를 키운 25년 동안 나를 지탱한 기준이었다.

갓난아기 시절은 그 안에 들어가서 혼연일체가 되어 함께 살았다. 그 시절에 나는 아기 외에는 아무 생각도 하지 않았다. 그리고 아이들이 자라면서 앞에서 끌어주다가 천천히 옆으로 갔다. 유소년기에는 똑같은 보폭으로 걸어가려고 노력했다. 질풍노도의 청소년기는 뒤에서 밀어주면서 따라갔다. 사춘기로 힘들어할 때는 이 아이들을 나에게 보내준 하나님 아버지를 믿고 의지했다. 이제는 아들이 이룬 새 가정을 멀리서 지켜보면서 행복하다.

2
PART
—

자녀는
상이다

"태의 열매는 그의 상급이로다(시 127:3b)."

chapter

04

—

상 주시기를
기뻐하시는 하나님

둘째 아이가 네 살이 되었을 때 나는 조금 편해졌다. 항상 나를
따라다니던 둘째가 엄마와 떨어져 오빠와 잘 놀았다. 나는 잠깐이
나마 혼자 외출하는 일이 가능해졌다. 무엇인가 다시 시작할 기회가
왔다고 생각했다. 아이 키우느라 미뤄두었던 일들을 생각해보았다.
사역, 영어 공부, 책 읽기, 취미 생활 등.

'멀리 있는 친구도 만날 수 있겠지.'

이런 생각만으로도 기분이 좋았다. 그런데 그 시간이 금방 끝나버
렸다. 설마 하고 임신 테스트를 했는데 두 줄이 선명하게 나타났다.

'또 임신했구나.'

한참만에 마음을 추스르고 하나님께 물었다.

'왜 제게 또 아이를 주신 건가요?'

그때 하나님의 분명한 음성을 들었다.

'너의 상이란다.'

나는 성경에서 '상(賞)'이라고 쓰여 있는 구절을 찾아 묵상했다. 특히 시편 127편을 읽고 묵상할 때 다시 한 번 분명하게 말씀하셨다.

태의 열매는 그의 상급이로다

시편 127편 3절

'아이는 너에게 주는 나의 상이다.'

자녀는 하나님이 부모에게 주시는 상이다. 나는 이 상을 기쁘게 받았고 이 상들과 더불어 즐거워하며 행복하게 살았다. 또한 하나님이 나에게 상으로 주신 아이들이 잘 자라도록 하는 것이 나의 역할이었다.

하나님의 상을 취하라

하나님은 상을 주시는 분인데, 기쁘게 주시는 분이시다.

하나님께 나아가는 자는

반드시 그가 계신 것과 또한 그가 자기를 찾는 자들에게

상 주시는 이심을 믿어야 할지니라

히브리서 11장 6절

우리는 그분이 살아 계시고 또 바라는 자에게 상 주시는 분임을 믿는다. 상을 주시는 하나님을 믿는 믿음이 온전한 믿음이다. 이 믿음이 있을 때 우리는 이 땅에서 하늘의 가치를 따라 살 수 있다. 우리가 주의 이름을 경외하고 말씀을 따라 살면 큰 상을 주신다. 의롭게 살면 의인의 상을 주시고 주님의 제자로 살면 제자의 상을 주신다.

부모에게는 자녀를 상으로 주신다. 부모가 원치 않았던 임신이라 할지라도, 누군가는 실수로 임신된 거라고 해도, 엄마 배 속에 잉태된 모든 아기는 하나님이 주신 선물이고, 상급이다.

선물은 그냥 받는다. 선물을 받기 위해 노력할 필요가 없다. 선물은 마치 은혜와 같다. 내가 무엇을 잘해서 받은 것이 아니다. 그래서 자녀를 선물로 받았다는 깨달음은 늘 자녀로 인해 하나님을 기억하며 감사하게 한다.

그런데 상의 의미는 선물과 조금 다르다. 어떤 일을 잘했을 때 우리는 상을 받는다. 수고와 노력이 들어간다. 부모가 받는 상을 태의 열매라고 성경은 말한다. 생육하고 번성하라는 하나님의 명령을 따른 일은 잘한 일이다. 그래서 하나님은 엄마의 태에 자녀를 열매로 주셨다.

어디 그뿐인가. 멀미보다 지독한 입덧을 견디고 점점 불러오는 배를 부여잡고 뒤뚱거리면서도 자랑스럽게 내밀고 다닌 일에도 잘했다고 위로해주신다. 죽을 것 같은 산통에도 포기하지 않은 엄마들에게 상 받을 만하다고 칭찬하신다. 그 열매와 위로와 칭찬이 아이들이다.

아이를 잘 키우기 위해 자신을 온전히 쏟는 부모의 사랑을 기뻐하시며 그 기쁨으로 자녀를 주신다. 자녀를 상으로 받고 기뻐하고 뛰어놀라고 주신다. 수고로운 삶에 위로와 격려를 받으라고 자녀를 주신다. 헛되지 않는 생의 감동을 누리라고 자녀를 주신다.

느닷없이 셋째를 임신한 나는 '너의 상이다'라는 하나님의 음성을 듣고 성경을 공부하면서 깨달았다. 또 한 명의 아이를 내게 상으로 주셨음을. 그래서 배에 손을 얹고 상을 주신 하나님께 감사했다. 태아를 향해서도 속삭였다.

"너는 나의 상이란다."

아기의 첫 울음소리를 듣는 순간에도 나는 온 힘을 다해 혼잣말처럼 되뇌었다.

"상으로 태어나줘서 고맙구나. 정말 고마워."

자녀는 상이다. 아기가 처음 눈을 떴을 때 부모는 기적을 경험한다. 아기가 한 번 웃을 때, 부모의 고단함은 날아간다. 아기가 뒤집기에 성공하면 부모는 우주를 정복한다. 어디 이뿐이겠는가. 셀 수 없이 많은 순간들 속에서 환희, 신비로움, 경이로움을 부모는 상으로 받는다. 한순간도 놓치지 말고 받으라. 새로운 미소, 새로운 몸짓, 새로운 옹알이, 새로운 탐구, 새로운 성장으로 자녀는 부모를 기쁘게 한다.

상으로 온 아이는 부모에게 선물을 준다. 부모의 수고와 희생보다 더 큰 기쁨을 준다. 그래서 자녀는 상이며 동시에 선물이다. 아이가 보여준 오늘의 모습을 내일도 똑같이 볼 수 있는 것은 아니다. 아이들은 날마다 다른 모습을 보이며 성장한다. 매 순간 상을 바라보고 선물을 받아라.

하루의 피로를 날려버리는 아이들

유아부 예배를 마치고 나오는 막내아들에게 물었다.

"오늘은 뭘 배웠니?"

"예수님이 우리 대신 죽으셨대요."

"그렇구나!"

"그런데 전도사님이 이런 질문을 했어요."

"어떤 질문?"

"그럼 '너희는 누구를 위해 죽을 수 있니'라고요."

"그랬구나! 너는 뭐라고 대답했는데?"

"저는 '우리 엄마를 위해 죽을 수 있어요'라고 했어요."

우리 자녀가 부모인 나로 인해 '하나님을 보고, 하나님 사랑을 경험하며, 그분이 누구신지 알아간다'라고만 생각했었다.

그런데 그날 나도 어린 아들로 인해 하나님의 사랑을 더 깊이 깨달았다. 세상에 완벽한 부모가 없듯이 나도 마찬가지다. 부족한 점이 많다. 때로 소리도 지르고, 모르는 것도 많고, 실수도 한다. 아이가 어려도 이런 엄마의 부족함과 연약함을 모를 리 없다. 그런데도 자신이 대신 죽을 수 있을 만큼 엄마를 사랑한다고 고백하다니. 막내아들과 대화하면서 나는 감격했다. 나는 그날 진실로 예수님의 사랑을 깨달았다.

'내가 완벽하지 않아도, 모순과 실수투성이임에도 불구하고 주님이 나를 위해 죽으셨구나. 그만큼 나를 사랑하셨구나.'

나를 사랑해서 대신 죽어주신 예수님과 나를 위해 죽을 만큼 사랑한다고 고백한 어린 아들로 인해 감동했다. 아들은 내가 받은 상이 분명했다.

캠퍼스에서 설교하고 늦은 시간에 서둘러 집으로 향했다. 버스에서 내려 골목길로 접어들었다. 희미한 가로등 아래서 회색바람이 회오리를 쳤고, 비닐봉지 몇 개가 바람을 타고 날다가 발길에 치였다. 목을 움츠려도 차가운 밤공기는 뼛속까지 파고들었다.

아이 세 명을 낳은 몸이라 그런지, 겨울이 점점 무섭다. 골목 안 상가의 불들이 하나둘 꺼져가면서 근육이 더 움츠러들었다. 어서 집에 가서 쉬고 싶은 마음뿐이었다. 나는 발걸음을 재촉했다.

현관문을 열었더니 온 집안이 후끈거렸다. 아이들이 뛰어나오며 합창하듯 말한다.

"엄마! 어서 오세요. 많이 춥지요."

"안 자고 엄마 기다렸구나. 그런데 집이 왜 이렇게 따뜻하지?"

"엄마 추울까봐 보일러 온도를 많이 높여놓았어요."

"아토피 때문에 가려웠을 텐데…."

"엄마를 따뜻하게 해드리는 게 더 중요하죠."

집이 더우면 아이들이 가려워한다. 그런데도 엄마가 추울까봐 집을 따뜻하게 해놓았다니. 하루의 피로가 모두 없어졌다. 남편의 격려도 힘이 되지만, 아이들이 주는 힘은 다른 무엇으로도 바꿀 수 없다. 상으로 받은 아이들이 아니었다면, 내 사역과 삶이 가능했을까.

임신 기간을 입덧 때문에 힘들게 보내는 임산부가 많다. 차멀미가 멈추지 않고 계속된다고 생각하면 얼마나 힘들겠는가. 토하고 또 토하다가 위가 입 밖으로 나올 것 같은 순간도 있다. 변기통을 잡고 토하다보면, 마음이 무너지곤 한다. 입덧이 어느 정도 가라앉아도, 자궁 착상이 불안하면, 엄마는 꼼짝 못한다. 출산할 때까지 손발을 침대에 묶어놓고 지내기도 한다. 유난히 힘든 임신 기간을 보내고 출산했다면, 그만큼 큰 상을 받은 엄마다.

상을 잃어버렸다면, 찾으라

신혼 시절에 예수전도단 간사 생활을 하는 집에서 여러 간사들과 함께 살았다. 리더 간사님의 딸이 매일 오전 11시가 되면 우리 방에 놀러 왔다. 당시 네 살인 예쁜 아이였다.

하루는 내가 바쁜 일이 있어서 오후에 놀자고 했더니 힘이 빠진 모습으로 자기 방으로 돌아갔다. 그다음 날도 어김없이 11시에 우리 방문을 노크했다. 왜 엄마랑 놀지 않고 이 시간이 되면 우리 방에 오는지 궁금했다.

"지금은 엄마를 쉬게 해드려야 해요."

"너는 정말 착하구나. 어쩜 그런 생각을 다하니?"

"내가 딸이니까, 당연하잖아요."

지금도 엄마를 쉬게 해야 한다는 네 살 아이의 대답을 잊지 못한다. 어린아이가 엄마를 배려하다니 기특했다.

그때는 엄마가 되기 전이었지만, 나도 아이들을 잘 키워야겠다고 생각했다. 잘 가르치면 어린아이도 엄마를 배려할 수 있다. 많은 엄마들이 힘에 지나치도록 열심히 집안일을 하면서 수고한다. 그러다가 엄마가 지쳐버리면 그 모든 수고의 열매가 사라질 수 있다. 엄마가 쉬는 시간을 갖도록 도와주는 아이들이 있다면 엄마는 계속 힘을 낼 수 있다.

강의 후에 한 사람과 상담을 했다. 청소년 아들로 인해서 마음이 상하여, 갈피를 잡지 못하는 분이었다. 모든 질문이 단답형 대답으로 돌아오고, 모처럼 함께 밥을 먹어도 스마트폰만 쳐다본다고 했다. 방문은 열어주지도 않고, 가방에 술 담배도 있고, 평소에 무슨 생각을 하는지 도무지 알 수가 없다고 했다. 동생과 싸울 때가 차라리 나았다며, 지금은 서로 대화도 안 한다고 걱정했다. 나는 믿음을 잃지 말라고, 사춘기의 아이도 하나님의 상이라고 말하며 자녀에 대한 소망을 가질 수 있도록 기도해드렸다.

잃어버린 도끼 자루를 찾으려면 잃어버린 장소로 가야 한다. 상으로 받은 아이들을 잃어버린 것처럼 느껴진다면, 그 장소와 시간으로 다시 돌아가야 한다. 어린 시절에 상으로서 기쁨이 되었던 모습을 더듬어 기억해보면, 분명히 찾을 수 있다. 찾고 감사하고 선포하라. 자녀가 하나님의 상이라는 사실은 불변이고, 진리다. 자녀가 하나님의 상이라는 확신을 부모가 먼저 되찾으면, 잃어버린 것 같은 자녀도 다시 찾을 수 있다.

뜻밖의 임신이었던 막내아들을 키우면서 얼마나 행복했는지. 임신 초기 불편한 마음은 흐릿한 추억으로 끝났다. 막내가 말을 시작한 이후, 우리는 '상이요!' 놀이를 즐겼다.

"너는 누구?"

"상이요!"

"하나님이 엄마에게 주신…."

"상이요!"

"엄마를 기쁘게 하고 가족을 행복하게 하는…."

"상이요!"

"세상을 새롭게 하는 하나님의…."

"상이요!"

상급으로 받은
아이의 양육 목표

　나에게도 위기가 있었다. 아이를 키우는 동안에도 내 마음속에는 예수전도단 간사로서의 복음 사역자라는 정체성이 있었다. 어느 날인가 그날따라 유난히 간사들의 찬양과 중보기도 소리가 더 크게 들렸다. 강당에서 회의하며 웃는 소리가 들리니 부러웠다.

　'나도 저렇게 기도하고 예배하고 사역하고 싶은데…. 나도 할 수 있는데, 나도 했었는데…. 나는 지금 뭘 하고 있나.'

　하루 종일 아이들 뒤만 졸졸 따라다니고 있으니 쓸쓸했다.

　"거기 가면 안 돼. 넘어질라."

　"아이고, 또 뭘 주워 먹었니?"

　작은 애를 유모차에 태우고 여기저기 뛰어다니는 큰아이 뒤를 따라다니며 소리 지르다 말고 고민에 빠졌다.

'하나님 아버지, 제가 지금 잘하고 있는 걸까요?'

그때 하나님이 조용히 대답하셨다.

'너는 지금 너만이 할 수 있는 일을 하고 있단다. 이 아이들의 엄마는 너뿐이란다.'

그날부터 엄마로서 나를 새롭게 받아들였다.

'우리 아이들의 엄마는 나밖에 없다. 나는 지금 세상에서 가장 중요한 일을 하고 있다. 그렇다면 어떤 엄마가 될 것인가. 그래, 좋은 엄마가 되자.'

나는 좋은 엄마가 되겠다고 다짐했다. 나는 좋은 엄마가 되기 위해 실제적인 양육 목표를 정했다.

인격적으로 아이들을 양육한다

어떤 경우에도 아이들을 인정하고 존중하는 인격적인 엄마가 되기로 결심했다. 특별히 언어 사용을 주의하기로 했다. 나는 말 한 마디까지 신경을 썼다. 절대로 비교하거나 상처 주는 말을 하지 않기로 결심했다. 또 함부로 말하거나 헛된 말을 하지 않으려고 노력했다.

자녀를 대할 때 언어 사용에 특별히 주의하게 된 계기가 있다. 대학 시절부터 예수전도단에서 훈련 받고, 또 청년 사역을 오랫동안 하면서 많은 사람이 자기 부모의 말 때문에 상처받고 좌절하고 열등감을 갖게 되었다는 사실을 알게 되었다. 부모는 별 생각 없이 내뱉은 말이거나 크게 비중을 두지 않은 말이었을 수 있는데 아이는 그 말 때문에 심령이 상하거나 영혼이 죽어버리는 결과도 가져오는 경우를 직접 보고 들으면서 결심했다.

'내 자녀가 나의 말 때문에 상처 받는 일은 없게 하자.'

결혼하고 자녀를 기르면서 때로 화가 나고 그와 동시에 내 결심과 다른 말이 나오려 할 때는 대부분 심호흡을 한 후에 대처했다.

'하나, 둘, 셋.'

숫자를 세며 숨을 깊이 들이마셨다가 멈추고 다시 길게 내쉬다보면 화가 가라앉고 나쁜 말은 빛을 잃고 사그라졌다. 자기 자녀를 가르치다보면 화가 난다는 얘기를 엄마들로부터 종종 듣는다. 나는 그럴 때면 조용히 방에 들어가서 잠시 쉬라고 조언한다. 침대에 편하게 누워 하나님과 대화를 하면 좋다.

'아버지, 제가 좀 힘드네요. 어떻게 하면 좋을까요? 하나님 이런 경우는 어떻게 해야 할까요?'

짧은 시간이나마 주저리주저리 하나님께 아뢰다보면 때로 기가 막힌 지혜를 얻게 되거나 따뜻한 위로의 음성을 듣게 될 것이다. 그렇게 힘을 내서 방문을 열고 나오면 더없이 사랑스런 아이들을 보게 된다.

칭찬하는 부모

아이들은 잘하는 일도 많고, 못하는 일도 많다. 아이의 장단점 중에서 어떤 것을 먼저 말할까. 그건 엄마로서 나의 선택이다. 나는 아이들의 장점이 눈에 띄면 곧바로 칭찬해줬다.

큰아이는 다른 사람의 마음과 사정을 헤아려서 먼저 베푸는 따뜻함을 가지고 있었다. 함께 놀던 친구들이 집으로 돌아갈 때면 자신이 가장 아끼는 장난감이나 책을 선물하고는 했다. 그러면 우리 부부는 어린 아들에게 자랑스러움을 넘어 존경의 눈빛마저 가득 담아 아이 눈을 바라보며 참 잘했다고 칭찬하며 안아주었다. 아이는 점점 더 남을 배려하는 성품을 보였다.

딸은 아주 어려서부터 그림에 관심이 많았다. 종이에 몇 가지 선이나 도형 같은 것을 그려놓고서 긴 이야기를 들어주길 원했다. 그럴 때면 나는 귀를 기울여주었다. 내가 보기에는 단순하기 짝이 없는 그림인데 그 안에 무슨 얘기가 그렇게 많이 들어 있는지. 나는 들으면서 추임새를 넣어주고 감탄을 섞어 칭찬했다.

"어쩌면 그렇게 재미있는 얘기가 숨어 있는 그림을 그릴 수 있니? 대단하구나."

그랬더니 아이는 그림 그리는 일과 스토리를 엮는 일을 점점 더 즐거워했다.

막내는 성실한 아이였다. 가족이 함께 정한 규칙을 존중하고 시간을 잘 관리했다. 일찍 일어나 묵상하는 아이에게 가만히 다가가 칭찬했다.

"참 훌륭하구나."

칭찬해주는 것은 정말 즐거운 일이었다. 이 외에도 아이들이 좋은 습관을 기르기 위해 나름 열심히 애쓴 일들이나 운동기술을 익히고 재능을 개발하고 지식을 쌓기 위해 노력하고 시도하는 모습을 보일 때는 과정 중에 계속 격려로 힘을 북돋아주었다. 칭찬하는 것이 목적이었다. 칭찬은 아이들을 소중히 여기는 가장 좋은 표현 수단이다. 반대로 아이들의 단점이 눈에 들어올 때는 먼저 충분히 기도했다.

막내는 자기 물건을 잘 잃어버렸다. 그것을 야단친 적은 없다. 대신 함께 기도하면서 찾는 기회로 전환시켰다. 그래서 하나님의 살아계심과 자상하심을 많이 경험했다. 딸은 자신의 주변을 잘 정리하지 못했다. 그냥 넘어갈 일이 아니어서 몇 번 야단을 쳤으나 고쳐지지 않았다. 나는 방법을 달리해 보았다. 아주 가끔 아이가 방을 정리하거나 청소를 해놓으면 크게 칭찬을 해주었다.

"와! 네가 청소를 하면 정말 깨끗해지는구나."

"정말 잘했어. 자주 안 해서 그렇지 한 번 하면 정말 잘하는구나."

물론 지금도 딸의 습관이 완전히 고쳐진 것은 아니다. 그러나 한 번 하면 정말 깨끗이 잘하는 것은 분명하다.

사실 아이들의 단점이 지금은 잘 생각나지 않는다. 장점이 훨씬 많아서라기보다는 나에게 아이들은 선물이고 상 자체여서 모든 게 좋아 보인다. 장점은 장점이어서 좋고 단점은 장점으로 바꿀 수 있어서 좋다. 장점도 단점도 그 아이의 특별함을 말해주기에 좋다. 죄가 되지 않는 단점이라면 용납과 포용이라는 이름으로 대처하면 좋지 않겠는가.

하루는 한 아이가 아빠와 함께 우리 집을 방문했다. 대화 중에 학교 공부 이야기가 나왔다.

"제가 국어는 자신이 있어요. 그런데 영어와 수학은 잘 못해요."

국어를 잘한다는 이야기는 좋았는데, 다른 과목을 못한다는 이야기가 마음에 걸렸다. 군이 그걸 강조할 필요가 있을까. 그래서 그 아이와 대화하면서 잘할 수 있다고 격려했다.

"그래? 네가 국어를 잘하면 영어와 수학도 잘할 수 있어."

"에이, 설마요? 국어는 책을 많이 읽어서 괜찮은데 영어, 수학은 정말 힘들어요."

"책을 좋아해서 국어를 잘하면 같은 언어 과목인 영어도 잘할 수 있어. 그리고 한 가지 과목에 자신감을 가지면 다른 과목도 이해하는 게 쉬워진단다. 자신감을 가져."

"정말 그럴까요? 내가 영어와 수학도 잘할 수 있을까요?"

아이는 표정이 밝아지고 내 말에 귀를 기울이면서 점점 내 곁으로 다가왔다. 따뜻하고 구체적인 어른의 칭찬과 격려가 아이들을 살아나게 한다.

나는 엄마로서 우리 아이들에게 칭찬과 격려의 말을 아끼지 않았다. 그리고 어떤 상황이든 감사의 말을 자주 했더니 아이들이 자기 자신과 가족과 환경에 만족하며 자부심을 갖고 자랐다.

축복하는 부모

그들은 이같이 내 이름으로 이스라엘 자손에게 축복할지니
내가 그들에게 복을 주리라

민수기 6장 27절

민수기의 이 말씀은 우리가 그리스도의 이름으로 사람을 축복하면 하나님이 그들을 축복하시겠다는 약속이다. 내가 대한민국을 축복하면 하나님이 대한민국을 축복하신다. 내가 교회를 축복하면 하나님이 교회를 축복하신다. 내가 가정을 축복하면 하나님이 가정을 축복하신다.

내가 자녀를 축복하면 하나님이 자녀를 축복하신다. 따라서 엄마는 축복의 통로다. 엄마가 자녀를 축복하면 자녀는 반드시 복을 받는다. 자녀를 축복하는 기도를 많이 하라. 하나님께 아뢰는 기도가 힘이 있듯이 사람에게 하는 말도 힘이 있다. 그래서 잠언에서 혀의 중요성을 말한다.

죽고 사는 것이 혀의 힘에 달렸나니
혀를 쓰기 좋아하는 자는 혀의 열매를 먹으리라
잠언 18장 21절

말 한 마디로 사람을 죽이기도 하고 살리기도 할 수 있다는 뜻이다. 엄마의 말은 자녀를 살릴 수 있다. 엄마가 하는 격려와 칭찬의 말은 자녀를 살린다. 엄마로부터 축복의 말을 듣고 자란 자녀에게 축복이 임한다. 자녀에게 축복의 말을 자주 하라. 자녀들은 엄마의 축복의 말로 복을 받고, 엄마의 축복 기도를 통해 하나님의 복을 받는다. 엄마가 축복하면 하나님이 축복하시기 때문이다.

자녀양육에 대한 강의를 할 때면 나는 《2도 변화》의 작가 존 트렌

트의 이야기를 소개한다. 그는 어린 시절에 D 학점을 맞은 작문 시험지를 엄마한테 내밀었단다. 시험지를 한참 동안 보던 엄마가 이렇게 말했다.

"문장 구성은 엉망이구나. 그런데 어쩜 이렇게 단어 선택을 잘했니. 단어 선택을 잘하는 걸 보니 너는 나중에 글을 써서 많은 사람을 행복하게 해주겠구나."

엄마의 이 한 마디가 자기 길을 환하게 밝혀줘서 지금의 작가가 되었다는 것이다.

1998년 3월 우리 가족은 미국 콜로라도에 위치한 YWAM 선교전략 베이스에 전략 선교사로 파송받아 가게 되었다. 그곳에 학생이 아닌 스태프로 가서 함께 동역해야 했으므로 중간에 완충지가 필요했다. 그래서 미국 생활과 해외 베이스를 미리 경험하기 위해 오대원 목사님이 계시는 시애틀로 먼저 갔다.

제주도에서 초등학교를 다니고 있던 큰아이를 시애틀 집 근처에 있는 초등학교로 전학시켰다. 그때는 우리 부부가 아이들은 무조건 제 나이에 학교를 다녀야만 된다고 생각했다(홈스쿨을 알았더라면 좋았을 텐데 말이다). 이사 오자마자 아이를 낯선 학교에 보낸 나는 스쿨버스에서 내린 아이에게 걱정스레 물었다.

"오늘 어땠니?"

"철봉에 혼자 매달려서 운동장에서 놀고 있는 아이들을 바라보는데 제주도에 두고 온 선생님과 친구들이 생각났어요."

그다음 날도 나는 비를 맞으며 스쿨버스에서 내리는 아이를 맞이

했다.

"오늘은 어땠어?"

"스쿨버스 창밖을 바라보면서 제주도 학교에 있는 선생님과 친구들을 생각했어요."

나는 눈물을 삼키고 아이를 안고 격려하며 축복하는 말을 했다.

"쉽지 않는 환경을 잘 견디고 있는 걸 보니 너는 참 훌륭하구나."

"아들아, 인내는 쓰고 열매는 달다는 말이 있어. 지금 네 인내가 언젠가 단 열매를 맺을 거야."

"아들아, 너는 훌륭한 사람이야. 나중에 훌륭한 사람이 될 거라는 말이 아니고, 이미 훌륭한 사람이 된 거야. 왜냐하면 너는 지금 어른도 견디기 힘든 상황을 어린 나이에 견뎌내고 있거든."

시애틀에서 6개월을 말 한 마디 못하고 학교를 다녀야 했던 어린 아들을 생각하면 지금도 가슴이 아린다. 우리는 시애틀에서 다시 콜로라도로 이동했다. 산꼭대기에 위치한 선교본부 공동체에 도착한 우리는 아이를 근처 학교에 전학시켰다. 동양 아이는 처음이라며 선생님이 관심을 보였고 학생들도 신기해했다.

아들은 시애틀에서 6개월 동안 듣기만 했던 영어를 이제 조금씩 말하기 시작했다. 친구집에도 초대받아 갈 정도로 적응했는데 가서 보니 그 친구 집은 궁궐 같았다. 우리 가족이 살던 집은 국제 예수전도단 베이스에 있던 방 하나가 전부인 작은 집이었다. 더구나 100년 된 통나무집으로 친구들의 집과 여러모로 비교가 되었다. 아직 서툰 언어와 낯선 환경과 문화를 극복하기가 쉽지 않았던지 아이는 짜증을 자주 냈다. 그러더니 어느 날부터 날카로운 가시처럼 동생들을 찌르기 시작했다.

동생들과 잘 놀고 엄마를 늘 기쁘게 했던 예전의 모습이 사라져버린 아이를 보며 나는 잠을 이룰 수가 없었다. 밤새 눕지도 못하고 앉아서 기도하다가 새벽을 맞은 어느 날 고개를 들었다. 동이 트고 있었다. 아침 해가 붉은 노을을 펼쳐 도시 전체를 보듬고 따뜻하게 떠오르고 있었다. 그때 간절한 내 마음의 소원 때문이었을까. 내 마음에 이런 음성이 울려퍼졌다.

'너의 아이는 아침 해처럼 따뜻한 아이가 될 거란다.'

나는 그 음성을 붙잡고 그때부터 믿음으로 기도했다.

'하나님, 우리 아이를 따뜻한 사람이 되게 해주세요. 아침 해 같은 따뜻한 사람이 되게 해주세요.'

그날 아침부터 나는 매일 아이를 안아주며 축복했다.

"너는 따뜻한 아이란다."

그리고 아이에게 손을 얹고 축복 기도를 해줬다.

'주님, 우리 아이를 축복하사 아침 해처럼 따뜻한 사람이 되게 해주소서.'

며칠이 지나도 아이는 여전히 가시 같았지만 나는 변했다. 날마다 아이를 안아주고 축복의 말을 해주고 축복의 기도를 계속 해줬다. 몇 해가 지나고 우리 가족은 다시 한국으로 돌아왔다.

"똑똑!"

2001년 1월 1일 새벽에 누가 방문을 두드렸다.

두 명의 어린 동생들과 나란히 큰아이가 서 있었다.

"어머님, 아버님, 1년 동안 저희를 키우시느라 수고하셨습니다. 오늘은 저희가 떡국을 끓여드릴 테니 더 주무세요."

한참 있다가 나가보니 식탁에 김이 모락모락 올라오는 떡국이 차려져 있었다. 인터넷에서 떡국 맛있게 끓이는 법을 찾아 만들었다고 했다. 한 숟가락을 떠서 먹으니 내 가슴이 따뜻해졌다.

'역시 자식 키우는 보람은 이런 거구나.'

이런 생각을 하던 나는 깜짝 놀랐다. 몇 년 전에 콜로라도에서 했던 축복 기도가 생각났기 때문이다. 이제 막 열한 살이 된 큰아이에게서 따뜻한 아침 해가 보였다.

따뜻한 말로 배려하기

아침 해처럼 따뜻한 큰아들은 미국 시애틀의 밀크릭 초등학교에서 6개월을 다니고, 콜로라도 스프링스의 샤이엔 마운틴 초등학교에서 3학년까지 다닌 후, 2000년 6월에 한국으로 돌아왔다. 그 후 2001년부터 홈스쿨을 했는데, 막 열일곱 살이 되었을 때 홈스쿨을 마친 큰아이가 예수님의 제자로 훈련받기 위해 해외로 떠나기 전날이었다.

더 어린 나이에 해외 전도 여행을 보내본 경험이 있지만, 그때는 단기간이었고 단체여행이었지만 지금은 혼자서 중간에 비행기를 갈아타면서 태평양을 건너가야 한다. 다른 훈련생보다 3개월을 먼저 가서 자원 봉사자(미션 빌더)로 일해야 한다. 나는 마음이 불안하고 초조하여 어찌할 바를 몰랐다.

'과연 내가 일 년간 아이를 못 보고 살 수 있을까.'

그때 자상하신 하나님이 말씀하셨다.

'얘야, 네가 기다려오던 일이었잖니. 네가 오래전부터 기도하고 기다리던 그 날이 온 거란다.'

'아, 맞아요. 주님.'

'기뻐하며 축하하고 축복할 일이잖아.'

'맞아요, 주님. 감사합니다. 감사하고 기뻐해야 마땅한 날임을 깨닫게 해주셔서 정말 감사합니다!'

비로소 나는 평안한 마음으로 잠을 잤다. 아침 일찍 부스럭거리는 소리에 잠이 깨서 거실로 나갔다.

"안녕히 주무셨어요?"

큰아이가 앞치마를 두르고 국을 푸고 있었다.

"내일이 엄마 생신인데 제가 오늘 출국하잖아요. 집을 떠나기 전에 미역국을 끓여드리고 싶었어요. 생신 축하드려요, 엄마."

아침 해처럼 따뜻하고 환한 아이의 미소에 나는 눈이 부셨다. 아이는 그 후에도 따뜻한 말과 배려로 엄마뿐만 아니라 주위 사람들에게 늘 감동을 주며 자랐다. 아들은 그때의 인내로 지금 단 열매를 맺고 있다고 내게 말한다. 영어 통역과 번역으로 많은 사람을 도울 수 있었고, 한국어를 영어로 번역하는 일로 돈을 벌어서 가정을 책임질 수 있기 때문에 학생 신분으로 결혼도 할 수 있었다며 감사하다고 말한다. 살면서 어떤 벽에 부딪힐 때마다 그것을 포기하지 않고 뛰어넘을 수 있었던 것은 어린 시절에 받은 엄마의 격려 덕분이었다고 말하는 아이를 보며 나는 행복하다.

엄마의 말은 힘이 있다. 칭찬과 격려로 자녀를 축복하는 말을 자주 하라. 그렇게 자녀를 살려라. 오늘부터 아이들을 부지런히 살펴서 격려와 칭찬의 말거리를 찾으라. 하루에 한 번 이상 격려와 칭찬으로 자녀를 축복하라. 엄마가 축복할 때 자녀는 축복을 받는다. 하나님은 우리 자녀를 축복하기 원하신다. 그분의 원함은 우리의 말과 기도로 이루어진다.

여호와는 네게 복을 주시고 너를 지키시기를 원하며
여호와는 그의 얼굴을 네게 비추사 은혜 베푸시기를 원하며
여호와는 그 얼굴을 네게로 향하여 드사 평강 주시기를 원하노라
민수기 6장 24절

이것이 우리를 향하신 하나님의 마음이고 그분의 뜻이다. 또한 우리 자녀를 향한 하나님의 마음과 뜻이다. 하나님은 우리 자녀에게 복을 주고 싶어 하신다. 하나님은 우리 자녀를 지켜주고 싶어 하신다. 하나님은 우리 자녀에게 그분의 얼굴을 비추시고 은혜를 베풀어 주고 싶어 하신다. 하나님은 그분의 얼굴을 우리 자녀에게로 향하사 평강을 주고 싶어 하신다. 그분의 이런 원함은 우리의 축복의 말과 기도를 통해 자녀에게 임한다. '너희가 이같이 내 이름으로 너희 자녀를 축복하면 내가 그들에게 복을 주겠다'라고 그분이 확실하게 약속

하셨기 때문이다.

아이가 잉태된 순간부터 축복하라. 태어나서 자라고 청소년이 될 때도 축복하라. 자녀가 청년이 되고 장년이 되고 노년이 될 때까지 계속 축복하라. 부모가 살아 있는 한 자녀를 위해 축복하는 기도를 하라.

'하나님, 우리 아이에게 복을 주소서. 우리 아이를 지켜주소서. 주님의 얼굴을 항상 비춰주소서. 예수 그리스도의 이름으로 아이를 축복합니다.'

하나님의 얼굴의 빛을 비춘다는 것은 어떤 의미일까. 화초를 가꿔 본 사람들은 쉽게 이해할 수 있다. 빛이 없으면 꽃은 피지 못한다. 꽃봉오리를 탐스럽게 맺다가도 빛이 없으면 그대로 멈추고 이내 스러지고 만다.

우리에게 하나님의 얼굴의 빛이 비춰지면 우리 안에 있는 모든 좋은 것들이 살아난다. 좋은 성품과 지혜가 살아나고 움츠리고 있었던 재능이 깨어나고 은사가 발휘된다. 하나님의 얼굴의 빛이 우리를 향해 비추이면 깊은 상처가 치유되고, 흔들리던 정체성도 확고해진다. 어디 그뿐인가. 그 빛 때문에 갈 바를 찾게 되고 해야 할 일을 하게 된다.

우리 자녀에게 주의 얼굴의 빛이 비출 때 그들은 살아난다. 복을 받고 보호되고 은혜와 평강 안에 살게 된다. 이처럼 복이 가득한 삶을 살도록 자녀를 축복하며 기도하라.

여러 사람의 말이 우리에게 선을 보일 자 누구뇨 하오니

여호와여 주의 얼굴을 들어 우리에게 비추소서

주께서 내 마음에 두신 기쁨은

그들의 곡식과 새 포도주가 풍성할 때보다 더하니이다

내가 평안히 눕고 자기도 하리니

나를 안전히 살게 하시는 이는 오직 여호와이시니이다

시편 4편 6-8절

아이의 행복을 지켜주는 엄마가 되자

아이들은 스스로 무언가를 이루었을 때 매우 행복해했다. 걸음마를 배우려고 일어서다가 넘어지고 또 일어서다가 넘어지기를 반복하더니 어느 순간 뒤뚱거리면서도 넘어지지 않고 간신히 한 발을 옮겼을 때 세상을 다 걸은 듯 행복한 표정을 지었다.

자기가 직접 신어보겠다며 신발을 내려놓지 않는 아들. 셔츠의 마지막 단추까지 자기 스스로 채워보고 싶다는 딸. 아들이 신발을 오른쪽 왼쪽을 바꿔 신어 걸음걸이가 이상하고, 딸이 고사리 같은 손으로 단추를 쥐고 단추 구멍을 맞추느라 많은 시간이 걸려도 스스로 하도록 기다려줬다.

뭔가를 스스로 해보려고 시도할 때마다 잘한다고 응원해주는 엄마의 말을 들으며 아이들은 행복해했다. 나는 그 행복을 지켜주는 엄마가 되기로 했다. 아이들이 자라면서 스스로 콩 껍질도 벗기고

감자를 썻어 요리도 하며, 여행 짐을 자기가 원하는 방식으로 꾸리고, 공부도 스스로 했다. 진로도 직접 조사하고 선택하게 했다. 때로는 조바심이 나서 내가 빨리 해주고 싶었지만 꾹 참았다. 무슨 일이든 스스로 이루었을 때 맛보는 행복을 아이들에게서 빼앗고 싶지 않았기 때문이다.

자녀를 기다려주기

나는 '자기주도형 학습'이라는 단어를 전에는 잘 알지 못했다. 최근 여러 매체에서 자주 사용해서 이 단어를 알게 되었다. 그런데 되돌아보니 우리가 했던 방법이 자기주도형 학습 방법이었다. 공부는 하고 싶을 때, 자기에게 맞는 방법으로 해야 한다고 생각했다.

둘째인 딸과 막내아들은 늘 함께 놀았다. 나이 터울도 적당했고, 누나가 동생을 유난히 잘 돌봐주었다. 하루 종일 함께 놀던 누나가 공부를 시작하니 막내는 아주 심심해했다. 어느 날은 연필을 들고 누나 옆에 앉았다. 누나가 공부를 끝내기만 기다리면서 연필 하나를 들고 누나 주위를 맴돌기에 내가 넌지시 물어보았다.

"너도 글자를 배울래? 공부하고 싶니?"

"아니요."

"그래? 그럼 계속 놀아."

막내는 단호하게 공부하기를 거절했고, 나는 두 번 권하지 않았다. 공부는 자기가 하고 싶을 때 해야 한다고 생각했다. 그날의 공부를 마친 누나가 드디어 블럭과 인형들을 꺼냈다. 둘은 금방 상상의 나라에 들어가 놀기 시작했다. 그 당시에 조이랜드와 데니랜드를 만들어서 한창 놀고 있었다.

그리고 1년 후 막내는 여섯 살이 되었다. 그날도 형과 누나가 공부하는 주변을 맴돌다가 책상에 앉았다. 자기도 공부하고 싶은 눈치가 보여서 내가 물어보았다.

"너도 공부하고 싶니? 무엇을 배우고 싶니?"

"네. 글씨를 알려주세요. 재미있을 것 같아요."

"그럼! 글자를 배우는 것은 정말 재미있단다."

유대인들은 아이들에게 처음 글자를 가르칠 때 페이지마다 꿀을 바른다고 한다. 책장을 넘기다보면 손가락에 꿀이 묻고, 그 꿀을 맛보면서 공부는 즐겁다는 생각을 심어주기 위해서다. 나도 아이들이 즐겁게 공부하기를 원했다. 여섯 살이 되어서야 글씨를 배운 막내의 진도가 아주 빨랐다. 계속 공부하고 싶어 했다. 아이의 속도를 따르다보니 본의 아니게 선행학습을 하는 모양새가 되었다. 누나를 앞서 갔을 때 나는 막내의 진도를 잠시 멈췄다.

마침 우리 부부의 안식년 기간이 되어서 아이 둘을 데리고 미국 콜로라도 스프링스로 떠났다. 국제 YWAM의 간사 한 가정이 살고 있는 시골 농장에 게스트 하우스가 있었다. 한적한 농장에서 살면서 농장 일도 거들고 소와 말을 보면서 실컷 놀았다. 허허벌판을 개와 함께 달리기도 하고, 밤새 쌓인 눈도 치우고, 들판을 뛰어다녔다.

한국에 돌아와서 막내는 제주 열방대학 부설 기독학교에 들어갔다. 공부에 지치지 않은 상태에서 중학교를 시작했다. 한참 놀다가 다시 공부해서인지 모든 과목을 즐거워했다. 막내아들은 지금도 스펀지가 물을 흡수하듯이 공부하고 있다.

"엄마, 즐겁게 공부하도록 도와주셔서 감사해요. 생각해보니 나는 공부에 시달린 적이 없네요. 그래서 항상 새로워요."

방학이 되어 집에 온 막내아들이 나에게 감사하다고 말했다. 공부를 많이 시키지 않고 적당히 놀게 했기 때문에 듣는 감사였다. 자기가 원할 때 시작하면 스스로 방법을 찾아서 공부한다.

나는 아이들을 키우면서 자주 이런 생각을 한다.

'사람은 누구든지 내일을 준비만 하는 삶을 살면 안 된다.'

초등학교 나이에 중학교를 준비하고, 중학생이 되면 고등학교를 준비하고, 어릴 때부터 대학에 가야 할 준비를 하느라 정신없이 살아야 한다면, 그 인생은 준비만 하다가 끝날 수도 있다.

나는 오늘 하루를 즐겁고 보람 있게 보내라고 아이들에게 말했다. 인생은 매일 매일이 성취다. 오늘이 바로 행복한 성취를 맛보는 그날이라고 말해주었다. 억지로 공부시키지 않았고, 잘하고 있다며 무조건 달려가게 하지 않았다. 언젠가 지칠 가능성이 있기 때문에 천천히 하도록 속도 조절을 했다. 아이들은 기계가 아니라 인격이다. 아이들은 오늘을 행복하게 살 권리가 있다. 부모의 욕심으로 자녀의 행복을 빼앗으면 안 된다. 내일 행복하려고 오늘을 불행하게 살면 안 된다. 오늘 불행한 삶은 내일도 불행할 가능성이 많다. 오늘 행복한 아이가 내일도 행복하다. 스스로 자립해서 즐겁게 공부하는 법을 터득한 자녀가 진정한 성공의 열매를 거둔다.

나는 자녀를 기다려주면서 키웠다. 무엇이든 스스로 결정할 때까지 기다렸다. 기저귀 떼기도 그렇고, 모유 수유도 그랬다. 세 아이의 모유수유 기간은 자기들이 원하는 만큼 했다. 그랬더니 15개월, 36개월, 24개월이었다. 또 조급한 마음으로 빨리 걷게 하기보다는 충분히 기어다니게 했다.

한글 공부도 아주 천천히 시작했다. 아이들이 행복한 유아기를 보내게 하고 싶었다. 그 기다림이 막내에게는 더 쉬웠다. 위로 두 아이를 키우다보니, 더 여유 있는 엄마가 되었나보다. 물론 첫아이를 키울 때는 불안하고 초조한 시간을 보내기도 했다. 그럴 때는 자녀양육에 관한 좋은 책을 읽었다. 읽고 따라서 적용하며, 내 생각과 가치가 옳았음을 확인하기도 했다. 그렇게 첫아이를 키운 경험은 둘째, 셋째를 양육하는 데 큰 도움이 되었다. 막내 아이가 형, 누나를 따라 하며 유익을 얻듯이 좋은 선배와 좋은 책은 도움이 되었다.

이 세상의 모든 아이들은 기다려주는 부모가 필요하다. 기다림은 존재 자체에 대한 존중과 신뢰에서 나온다. 나는 자녀들이 선택하는 힘을 기르도록 기다려주었다. 자신을 믿고 기다려주는 부모의 사랑을 받고 자란 아이는 자기를 사랑하고 이웃을 사랑하게 된다. 무엇보다 부모를 신뢰하며 엄마 아빠를 닮고 싶어 한다.

각각의 아이마다 특별하게 양육하라

옥상에 작은 텃밭을 일군 적이 있었다. 한련화 모종을 몇 개 옮겨

심고 날마다 물을 주었더니 금세 주황색, 노란색, 빨간색 꽃을 피웠다. 그 꽃을 따다가 여름 내내 아이들과 꽃 비빔밥을 즐겨 먹었다. 그런데 함께 심었던 로즈마리는 시들거리더니 이내 죽고 말았다. 궁금증이 일었다.

'이상하다. 날마다 똑같이 물을 주었는데 왜 한련화는 왕성하게 성장하고, 로즈마리는 죽어버린 걸까.'

그러다가 문제의 원인을 찾았다. 로즈마리는 건조한 땅에서 잘 자라는 다년생 허브였는데, 일년생 허브인 한련화처럼 날마다 물을 똑같은 양으로 주었으니 과습으로 뿌리가 썩어버린 것이다. 모든 식물은 물이 필요하다는 상식을 넘어 로즈마리에 대한 특별한 지식이 더 필요했던 것이다.

마찬가지로 같은 부모 밑에서 태어난 아이들이라 해도, 개개인에 대한 관찰과 연구를 통한 지식이 필요하다는 사실을 알았다. 아이들은 모두 특별했다. 아이들마다 재능과 은사가 달랐다. 좋아하는 것도 다르고 기질과 성향도 달랐다. 더구나 성장 발달의 정도와 시간도 차이가 있었다. 그래서 나는 맞춤 양육과 맞춤 교육을 적용했다. 일대일로 친밀한 교제를 나누고 아이들 각자의 발달 과정에 맞추어 대화하고 훈계 방법도 다르게 했다. 사랑 표현도 마찬가지다.

10년 동안 홈스쿨을 하면서 교육 내용도 저마다의 재능과 은사에 맞추어 집중했고, 진도도 아이의 습득 정도에 맞추어 다르게 진행했다. 아이들이 다 자란 요즘 사람들로부터 "그 집 아이들은 세 명이 다 다르네요"라는 말을 들을 때 나는 보람을 느낀다.

오랜만에 연락한 지인이 우리 딸의 안부를 물었다.

"따님은 아직도 그림을 그리나요? 항상 그림 그리는 모습만 본 것 같아요."

"네! 요즘도 그림 그리기를 좋아합니다. 자기가 좋아하는 일을 하니까 엄마가 보기에도 좋아요."

우리 딸을 생각하면 그림 그리는 모습만 떠오른다면서 최근 소식을 궁금해했다. 통화하면서 가만히 생각해보니, 정말 우리 딸은 늘 그림을 그렸다.

수학 시간에 딸에게 사칙연산을 가르쳤는데, 도무지 진도가 나가지 않았다. '2+8= '이라는 문제를 보고 답을 쓰지 않고, 숫자 위에 꽃을 그렸다. '9-6= '의 답을 생각하다가 수학 기호를 이용해서 나비를 그렸다. 숫자들은 꽃잎이 되었고, 연산 기호는 나비 날개가 되었다. 수학 문제는 온데간데없이 사라졌다.

나는 당황했지만, 호흡을 가다듬고 생각을 다르게 했다.

'숫자를 보며 꽃과 나비를 연상하다니. 누구나 할 수 있는 생각은 아니지. 그래! 사칙연산은 천천히 익히고 그림을 그리게 하자. 창의적인 상상력을 계속 발휘하게 도와주자.'

나는 딸의 손을 잡고 축복하며 기도했다.

'만약 이 아이가 그림을 그리는 사람이 된다면, 많은 사람에게 하나님의 아름다움을 보여주는 그림을 그리게 해주세요.'

딸은 아주 어렸을 때부터 무엇인가를 그렸다. 내가 노트에 메모하고 있으면, 어느 틈에 가까이 와서 볼펜으로 그림을 그렸다. 점 하나와 선 하나에 불과하고, 그나마 다 잇지도 못했지만, 손에 힘을 주어 그렸다. 특히 원 그리기를 좋아했다. 몇 번 연습하더니 제대로 모양이 나왔다. 그런 다음 그림을 나에게 설명했다. 동그라미 몇 개가 아주 긴 이야기였다.

또 살아 있는 생물을 아주 좋아했다. 그 습성과 모양과 울음소리와 빛깔과 감촉을 좋아했다. 심지어 어느 날은 산기슭을 기어다니는 작은 뱀을 잡고 머리를 쓰다듬으며 중얼거리고 있었다.

"예쁘다. 예쁘다. 정말 예쁘구나."

멀리서 무엇을 하는지 몰랐던 나는 가까이 가서 보고 그만 기겁하고 말았다. 그런 엄마를 전혀 개의치 않고 딸이 말했다.

"엄마, 여기 좀 보세요. 빛깔이 정말 예쁘죠."

달팽이를 좋아하더니 어느 날부터 달팽이 만화를 그렸다. 햄스터를 키우더니 만화 주인공으로 햄스터를 등장시켰다. 고양이털 알러지가 있음에도 불구하고 내가 고양이를 기르게 된 것은 딸 때문이다. 아이는 고양이와 하루 종일 놀다가도 틈만 있으면 고양이를 스케치했다.

친구들과 어울려 놀기 좋아하는 어린 딸이 그림을 그리는 시간만큼은 꼼짝하지 않고 집중하는 모습을 종종 보였다. 지루하지 않느냐고 물으면 재미있다고 대답했다. 수학 문제 하나 풀려면 몸을 배배 꼬던 아이가 그림을 그릴 때는 서너 시간을 책상에 앉아서도 즐거워했다. 어린아이들이 자기 엄마 손을 잡고 우리 집에 놀러오면, 딸은 아이들을 데리고 그림을 그리며 놀아주었다. 아이들이 돌아갈 때면 우리 딸이 그려준 예쁜 그림을 가슴에 꼭 품고 갔다.

남동생에게 치마를 입히고 머리핀을 꽂게 할 때도 있지만, 대부분 만화를 그려서 재미있게 읽어주었다. 그러다가 어느새 한 명의 열성 팬을 갖게 된 어린 만화작가는 동생의 원고 마감 재촉에 시달리기도 했다.

딸아이가 자신의 재능을 갈고닦는 데 충분한 시간을 갖도록 미술을 중심으로 공부 시간을 조정했다. 아이는 청소년이 되어서도 그림 그리기를 계속했다. 점점 영역을 넓혀 조형도 공부했다. 순수미술을 공부하고 사진과 영상까지 배웠다. 언젠가는 미술감독을 하고 싶어 한다. 현재 20대를 성실하게 살아가는 딸은 수학 문제를 잘 풀지 못해서 전혀 힘들어하지 않는다.

자녀가 각자의 소질과 재능에 맞게 성장하도록 돕는 책임이 부모에게 있다. 그러기 위해서는 아이들이 무엇을 좋아하고 잘하는지를 알아야 한다. 아이들의 있는 모습 그대로 소중히 여기면서 아이들에게 맞는 양육을 해야 한다.

가족이 함께
상급을 누리는 방법

우리 가족은 정기적으로 가족의 시간을 가졌다. 예배와 기도, 맛있는 음식을 먹기도 했지만, 가장 중요한 목적은 함께 노는 시간을 확보하는 것이었다. 놀이공원에 가는 것 못지않게 즐거웠다. 집에 있는 소도구를 사용해서 놀이 방법을 생각하며 가족 모두 열심히 참여했다. 돈을 절약하는 장점도 있지만, 아이들의 창의성을 키우는 데도 큰 도움이 되었다. 가족이 즐겁게 노는 그 시간들이 소중했고, 틈날 때마다 함께 추억하는 행복한 자산이 되었다.

정기적으로 가족의 시간을 가지면

우리 부부에게 상으로 주신 아이들과 행복한 시간을 누리고, 삶을 공유하면서 나중에 행복하게 추억할 이야기를 많이 만들다보니 아이들과 더 친해졌다. 가족이 함께하는 놀이는 친밀한 관계를 낳는다. 친밀감은 서로를 향한 신뢰로 발전한다. 신뢰는 순종을 낳는다. 특히 부모 자녀간의 신뢰는 자녀교육에 무엇보다 중요하다.

네 부모에게 순종하라는 계명을 하나님이 자녀들에게 주셨다. 자녀들은 순종하는 법을 부모에게 배운다. 순종은 부모가 자녀에게 반드시 가르쳐야 한다. 특히 어린 시절에 반드시 가르쳐야 한다. 순종을 몸에 익힌 자녀는 보호벽 안에 살기 때문에 언제나 안전하다.

부모가 자녀에게 순종을 가르치는 좋은 방법은 무엇일까. 사람은 누구나 자신이 신뢰하는 사람의 말을 신뢰한다. 자기가 좋아하는 사람의 말을 좋아한다. 자녀는 부모를 신뢰할 때 부모에게 순종하기 쉽다. 신뢰는 친밀함에서 나오고 친밀함은 함께한 시간과 비례한다. 부모와 많이 논 자녀는 부모의 말을 믿고 따르는 일이 쉽다. 부모가 아이들과 많이 놀아줄수록 아이들이 기꺼이 순종한다.

우리 가정의 홈스쿨 방학 기간에 아이들에게 컴퓨터 게임을 하도록 허락했다. 각자 시간을 정해서 좋아하는 게임을 했다. 남편의 도움을 받아서 게임의 종류를 결정했는데, 그중에 나도 하고 싶은 게임이 있었다. 갤러그와 비슷한 간단한 슈팅게임이었는데, 그만 내가 여기에 빠져들었다. 게임을 할수록 재미있었다. 새로운 기록을 세워가는 엄마를 아이들이 열광적으로 응원했다. 남편을 이기고 신기록을 세운 날, 아이들과 파티를 했다.

그러다가 게임을 중단해야만 하는 일이 생겼는데, 다름 아닌 내 눈에서 실핏줄이 터지고 만 것이다.

'예수전도단 간사이면서 홈스쿨 교사인 내가 게임하다가 눈에서 핏줄이 터지다니.'

하나님이 이제 게임은 그만하라고 말씀하셨다고 받아들였다. 그런데 그다음부터 아이들은 자기들과 놀아주고 자기들보다 기록이 더 좋은 엄마를 영웅처럼 받들었다.

실타래 하나로 만든 가족의 행복

특별한 일이 없는 한, 우리 가족은 일주일에 한 번은 가족놀이 시간을 가졌다. 엄마 아빠의 사역 일정 때문에 변동은 있어도, 가족의 시간을 그냥 넘기지는 않았다. 그 시간에 예배와 기도를 드리고, 맛있는 음식을 먹고, 체스와 윷놀이 같은 게임을 하면서 즐겁게 놀았다. 엄마와 함께 맛있는 요리를 준비하고, 아빠를 도와서 테이블을 멋지게 세팅하며, 어떤 놀이를 할지 아이들끼리 의논한다.

놀이 방법은 아이들이 정했다. 어떤 놀이를 해야 하는지 부모가 고민할 필요가 없다. 자녀에게 물어보고 그 의견을 따라 놀면 된다.

"오늘은 무슨 놀이를 할까?"

"엄마! 실타래를 하나 주세요."

가족의 시간에 그날의 놀이 담당인 큰아들이 동생들과 함께 놀이 무대를 만들었다. 방을 나가보니, 두툼했던 실타래가 다 풀려서 집안 전체가 거대한 거미줄이 되어 있었다. 며칠 동안 새로운 놀이를 구상하면서 이리저리 그림을 그리더니 거미줄 놀이를 생각했나보다. 아이들이 만든 거미줄에는 십자가도 있고, 별도 있고, 레이저 광선 줄도 있었다.

"자, 오늘은 거미줄 통과 놀이입니다. 놀이 방법은⋯."

막내가 먼저 시작했다. 거미줄 밑을 엎드려 지나가기도 하고, 줄 위로 아슬아슬 넘기도 했다. 여러 번 실수하더니, 마침내 줄을 건드리지 않고 현관문까지 지나갔다. 두 번째로 도전한 남편은 첩보 영화의 주인공처럼 줄을 통과했다. 몸을 비틀며 줄을 넘던 남편이 실수라도 하면, 큰아들은 기다렸다는 듯 아빠를 격려했다. 딸도 자기 차례를 기다렸다가 예쁘게 줄을 넘었다. 어린 시절 고무줄 놀이하듯 나도 즐겁게 거미줄을 넘었다. 창조적으로 놀이 방법을 생각하고, 가족의 시간을 재미있게 진행한 큰아들에게 박수를 보내면서 즐겁고 행복한 시간을 보냈다.

'실타래 하나로 이렇게 재미있게 놀다니.'

어느 날은 수건 한 장으로, 또 어느 날은 비닐봉지 하나로 유쾌하게 놀았다. 놀이의 도구는 무한정 많다. 블럭 쌓기도 좋고, 쌓은 블럭을 무너뜨리는 것도 재미있다. 체스와 카드, 발가락으로 수건을 끌어당기기, 돼지 씨름도 재미있다.

때로는 부모의 생활 모습을 놀이와 연결해도 좋다. 쿠키를 만들고, 자기가 빚은 여러 가지 모양의 쿠키를 자랑하며 함께 놀았다. 과자 몇 개를 그릇에 담아서 아이로 하여금 옆집에 나누게 하는 심부름도 기분 좋은 일이었다.

큰아이는 쓰레기봉지를 끌어다 버리고, 작은아이는 거울을 반짝반짝 닦고, 막내는 신발장에 신발을 나란히 정리했다. 아이들이 개발한 청소 놀이는 엄마에게 특별한 선물이었다.

창가에 화분 하나 놓고 때를 따라 물을 주고, 햇볕을 따라 옮겨주며, 벌레를 잡는 일도 즐거운 놀이였다. 또 하천을 걷고 뛰며 산책하다가 거미줄에 걸린 잠자리도 풀어주고, 길까지 기어나와 생존의 위험에 처한 달팽이들을 바삐 풀숲으로 넣어주는 일도 좋았다.

먼 길을 자동차로 여행할 때는 아이의 끝없는 질문에 답을 하고, 재밌는 퀴즈를 내고, 나니아 이야기에 열을 올리고, 익숙한 노래를 다 같이 불렀던 일도 추억에 남는 놀이가 된다.

아이들은 부모와 함께 놀고 싶어 한다. 놀이 방법은 중요하지 않다. 함께 시간을 보내고 땀을 흘리고 웃으면서 친밀해지는 그 시간이 소중하다. 그 소중한 시간을 위해 남편은 밖에서 힘을 다 소진하지 않고, 조금이나마 남겨서 집에 들어왔다. 아이들과 놀려면 체력이 있어야 했기 때문이다.

가족이 모두 함께 노는 시간도 좋았지만, 아이들 한 명 한 명과 따로 보내는 시간도 참 좋았다. 한 명씩 개별적으로 부모의 사랑을 충분히 누리게 했다.

나는 아이 한 명씩을 따로 데리고 산책하기를 즐겼다. 남편도 한국의 다른 도시에 가거나 선교 지역을 방문하는 기간에 한 명씩 차례대로 데리고 갔다. 그 기간에는 아빠와 큰아들, 아빠와 딸 그리고 아빠와 막내아들이 충분한 시간을 갖고 친밀함을 쌓았다. 자녀들

각자가 부모의 사랑을 충분히 받게 했다.

가족만의 특별한 문화 만들기

추석과 성탄절 그리고 설날 같은 명절을 기회로 우리 가족만의 특별한 문화를 만들기 위해 노력했다. 물론 여느 집과 마찬가지로 추석이 다가오면 아이들과 함께 음식을 준비한다. 각자 원하는 모양으로 송편을 빚고 전을 부친다. 친척을 만나는 일도 즐겁다.

그리고 우리 가족만의 특별한 행사로 일 년 동안 있었던 감사를 나눈다. 열 가지 목록을 만들어서 한 사람씩 이야기하고, 함께 기도해준다. 내가 엄마로서 주부로서 사역자로서 가장 보람을 느끼는 시간이다. 내 품에 있는 식구들이 이렇게 행복하고 안전하고 즐겁게 일 년을 보냈다는 생각을 하면, 그저 감사만 나온다. 그래서 가족들이 감사를 발표하는 그 시간이 나에게는 가장 소중한 시간이다.

신혼 초부터 좋은 문화를 만들어서 물려주는 가정을 이루자고 남편과 이야기했었다. 가족의 전통은 절기를 활용해서 쉽게 만들 수 있었다.

"아, 여기 오니 성탄절이군요."

"어서 오세요. 환영합니다."

"마음마저 따뜻해지네요. 초청해주셔서 감사해요."

12월에 우리 집을 방문하는 손님들과 반복하는 대화다. 우리 가정은 12월 한 달 동안 성탄절을 즐긴다. 크리스마스 트리를 하고,

반짝거리는 전등을 달고, 거실의 탁자는 빨간색 체크 천으로 꾸민다. 작은 소품을 예쁘게 달아놓고, 선물 박스는 성탄절 아침까지 트리 앞에 쌓아놓는다. 지난 세월 아이들과 함께 트리를 장식하고 집안을 꾸미고 음식을 장만했던 일들은 우리 가족의 소중한 추억으로 쌓였다.

우리 가족이 함께 누렸던 성탄절도 행복하고 따뜻했지만 이 따뜻함과 특별한 즐거움을 이웃과 나누고자 12월 내내 손님을 초대한다. 우리 집에 오는 어린아이들에게는 추억을, 어른들에게는 환영받는 느낌을 주려고 집을 꾸미고 음식을 준비하는 일은 우리 가족의 크리스마스 전통이 되었다.

우리 가족만의 설날 문화는 하나님의 뜻을 묻고 약속을 붙드는 기도를 하는 것이다. 한 사람씩 앞으로 나와서 가족의 기도를 받는다. 남편과 딸은 하나님의 음성을 들으며 기도 중에 본 그림을 나눈다. 나와 아들들은 성경구절을 통해 하나님의 음성을 듣고 나눈다. 한 명을 위해 네 사람이 받은 하나님의 말씀은 대부분 일치해서 하나의 메시지가 된다. 모두 그것을 기록하고 일 년 동안 기도하며 하나님의 인도하심을 받는다. 이 일은 우리 모두에게 소망을 준다. 가족의 지지와 관심 속에서 맞이하는 새해는 더 행복하다.

이처럼 가족이 함께 놀고먹고 또 새로운 문화를 만드는 일은 즐거운 추억으로 쌓인다. 그렇게 공유된 추억은 강한 유대감을 낳는다. 가족끼리의 강한 유대감은 집안에 충만한 사랑이 늘 흐르게 한다. 아이들은 가족관계에서 누리는 사랑의 힘으로 세상을 이긴다. 세상에 물들지 않고 세상을 이기는 자녀는 부모에게 늘 상급이 된다. 이 상급을 끝까지 누리는 부모는 복되다.

3

자녀는
하나님 나라의
군사다

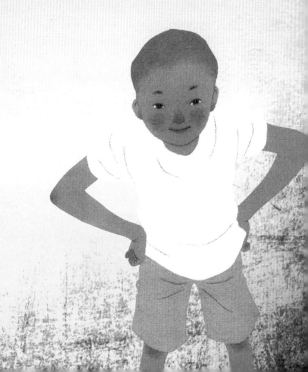

"젊은 자의 자식은 장사의 수중의 화살 같으니(시 127:4).

군사로
부르심 받은 아이들

부르심을 소중히 여긴다

각 사람의 소질과 재능이 다르고 부르심이 다르다. 만약 부모가
자기 자녀만의 소질과 재능에 주의하지 않고 무조건 특정 과목을 계
속 잘하라고 강요하면 그 아이는 결코 행복한 삶을 살지 못한다.

> 젊은 자의 자식은 장사의 수중의 화살 같으니
>
> 시편 127편 4절

자녀는 장사의 수중의 화살 같다고 말한다. 하나님은 부모에게
전사의 손에 들려진 화살처럼 자녀를 맡기셨다. 전사가 무기를 소중
히 다루듯 부모도 자녀를 소중히 여겨야 한다. 자녀를 소중히 여긴

다는 말은 그들의 소질과 재능을 알고 발전시켜서 부르심에 맞게 살도록 돕는다는 뜻이다.

나는 세 아이를 키우면서 우리 아이들의 부르심을 소중히 여겼다. 자녀를 양육하는 데 있어서 가장 궁금한 부분이 아이들의 부르심이다. 나는 아이들의 부르심을 아는 엄마가 되고 싶었다.

'우리 아이들은 무엇을 하게 될까?'

'하나님나라의 군사로서 승리하는 삶을 살도록 나는 어떻게 도와주어야 하는가?'

나는 엄마로서 아이들 각각의 특징을 쉽게 알 수 있었다. 육아에 대한 기본 지식을 넘어 내 관심은 아이들의 부르심과 사명으로 점점 옮겨갔다.

'내 아들딸이면서 동시에 하나님나라의 군사로 잘 키워야 한다.'

이것은 의식주의 필요를 채워주는 기본 양육보다 더 중요한 주제였다. 그리스도의 충성된 군사인 우리 모두는 공통의 부르심이 있다. 바로 천하 만민에게 복이 되는 것이다.

아브라함은 강대한 나라가 되고

천하 만민은 그로 말미암아 복을 받게 될 것이 아니냐

창세기 18장 18절

천하 만민에게 복이 되는 길은 다 다르다. 목표는 같지만 그 목표에 이르는 길은 여러 갈래다. 다양한 길이 있고, 다양한 방법이 있다.

공통의 부르심이 있으면서 각자의 부르심은 또 다르다. 우리 아이들이 자신만의 부르심을 발견하고 각자의 부르심을 따라 살도록 최선을 다해 도와주어야 한다.

세 아이의 재능을 찾다

큰아들은 언어, 딸은 미술에 재능이 있다. 책 읽기를 좋아하는 막내아들은 글쓰기에 가능성이 보인다. 이러한 소질과 재능을 발전시켜서 우리 아이들이 사회에 기여하도록 교육하고 싶었다. 각자의 재능을 발전시켜서 사회에 기여하는 게 곧 부르심을 성취하는 일이 아니겠는가. 우리 아이들이 각자 부르심을 성취하길 바란다. 항상 가지를 뻗어 그늘을 만들고 열매를 맺어 많은 사람에게 나눠주는 나무 같은 사람이 되길 기도한다.

또 나는 부르심의 씨앗을 소중히 여겼다. 그 씨앗은 모두 싹을 틔운다. 그런데 그 싹을 빨리 틔우는 아이도 있고, 늦게 틔워내는 아이도 있다. 싹을 틔우는 시기는 각자 다르지만, 싹을 틔우는 모양은 같았다. 아이마다 특별한 호기심과 관심 분야로 표출되었다.

나는 그 작은 싹을 무시하지 않고 주의를 기울였다. 물론 아이들의 관심사는 다양하고 또 자주 바뀌기도 했다. 당연하다고 생각했다. 그 관심들이 넓어지고 깊어지면서 조금씩 성장하더니, 소질과 재능이 되었다.

나는 이러한 부르심이 우리 자녀뿐 아니라 모든 아이들에게 있다고 믿는다. 모든 아이들이 자신의 소질을 발견하고 재능을 키워서 열매를 나누기를 소망한다. 그래서 강의할 때마다 각 가정에서 자라는 자녀들이 온 세상에 복이 되게 하자고 말한다. 우리 자녀들이 세상 구석구석으로 전사의 화살처럼 날아가서 각자 다양한 직업을 갖고 다양한 모습으로 섬기게 해야 한다. 그들은 분명 세상 속에 있는 많은 사람을 돕고 섬기라고 부르심을 받은 귀한 하나님나라의 군사이기 때문이다.

획일화된 교육을 피하고, 과도한 주입식 학습을 그치며, 세속 가치에 따른 직업 선택을 종용하지 않는 부모들을 나는 항상 존경한다. 자녀로 하여금 자신의 길이 있음을 믿도록 양육하며, 각자 자신의 길을 발견하도록 돕고, 그 길을 가려 할 때 적극적으로 지지하고 응원하는 부모들을 향해 나는 박수를 보낸다.

또한 나는 모든 사람의 청사진이 주님 손에 들어 있다고 믿는다. 그래서 우리 아이들뿐만 아니라 내가 만난 아이들을 관찰하기를 좋아한다. 유난히 책읽기에 몰입하는 아이가 있다. 어떤 아이는 자동차 바퀴에 끌려 길을 가다 멈춰서기도 한다. 어떤 아이는 기계의 복잡한 내부에 특별한 흥미를 보여 부품을 해체하려고 시도한다.

언어 발달이 눈에 띄는 아이도 있고, 음악만 나오면 리듬에 맞춰 몸을 흔드는 아이도 있다. 어떤 아이는 식탁 세팅을 멋있게 하고, 어떤 아이는 벌써부터 남다른 패션 감각을 보이기도 한다. 어떤 아이는 동물보호에 마음을 쓰고, 어떤 아이는 가난하고 아픈 사람을 위해 밤마다 빼먹지 않고 기도한다. 이 세상에 살고 있는 아이들의 숫자만큼이나 자녀들이 좋아하는 것도 많고 또 관심도 각각 다르다.

아이들은 자신만의 특별한 부르심을 받았기에 서로 다른 분야에 흥미를 느낀다. 자기가 좋아하는 일을 할 때 즐겁고 행복하다. 부모 역할은 자녀들이 그것을 발견하고 발전하도록 도와주는 일이다.

chapter
08
—

군사가 많을수록
강력해지는 하나님나라

화살과 화살통

젊은 시절에 얻은 자녀들은 장사의 손에 들려진 화살과 같다.

젊은 자의 자식은 장사의 수중의 화살 같으니
이것이 그의 화살통에 가득한 자는 복되도다
그들이 성문에서 그들의 원수와 담판할 때에
수치를 당하지 아니하리로다

시편 127편 4,5절

장사는 훌륭한 전사를 일컫는 말이다. 성경은 젊은 부모를 전쟁하
는 전사에 비유했다. 이 땅에 사는 모든 그리스도인은 하나님나라의

시민이다. 하나님나라는 하나님의 통치로 인해 의와 희락과 평화가 가득한 나라다. 그 나라가 이 땅에 이루어져야 한다. 그것은 불의와 어둠과 죄를 다스리고 정복할 때 임한다. 누가 정복하는가. 바로 우리 그리스도의 사람들이다. 우리는 하나님나라의 시민인 동시에 군사다. 젊은 부모가 하나님나라의 군사가 되려면 그에 필요한 무기가 있어야 한다. 하나님이 친히 그분의 군사들에게 무기를 주신다. 그 무기가 바로 우리의 자녀다.

1960년대 이후에 우리나라 보건복지부를 비롯한 정부 기관이 만든 출산 관련 표어들을 살펴보겠다.

하나씩만 낳아도 삼천리는 초만원.
덮어놓고 낳다보면 거지꼴을 못 면한다.
세 살 터울로 세 자녀만 낳자.
1960년–1980년

둘만 낳자! 딸 아들 구별 말고 둘만 낳아 잘 기르자.
둘도 많다! 하나 낳고 알뜰살뜰!
사랑 모아 하나 낳고, 정성 모아 잘 키우자.
1980년–2000년

여러 민간 기관에서도 이와 비슷한 표어와 포스터로 출산 억제를 위한 홍보에 주력했다. 그 결과 출산율이 계속 줄어들더니 이제 우리

나라는 대표적인 저출산 국가가 되었다. 그러다가 2000년도에 들어서면서 출산 장려 정책으로 바뀌었다. 이제는 어디를 가든지 아이를 많이 낳자는 표어를 쉽게 찾아볼 수 있다.

하나의 촛불보다는 여러 개의 촛불이 더 밝습니다.
아빠, 혼자는 싫어요. 엄마, 저도 동생을 갖고 싶어요.
저, 출산했어요!
자녀에게 가장 큰 선물은 동생입니다.
2000년-현재

하천에서 산책하는데, 아이를 많이 낳으라는 표어가 길바닥에도 선명하게 인쇄되어 있었다. 이것은 정책 혼란의 대표적인 사례다.

성경의 원칙, 다산은 축복이다

정부 정책은 혼란이 있었지만, 성경은 일관되게 다산의 축복을 강조한다. 생육하고 번성하여 땅에 충만하라는 말씀은 하나님의 첫 명령이다(창 1:28). 아무도 능히 셀 수 없는 큰 무리가 예수님을 찬양하는 예배는 성경 마지막 책의 중심이다(계 7:9,10). 아브라함은 하늘의 별과 바다의 모래처럼 많은 후손이 있을 것을 약속받았다.

화살이 화살통에 가득하면 전쟁을 승리로 이끈다. 하나님이 세워주시고 지켜주시는 가정은 자녀가 많아야 한다. 자녀는 하나님의 선물이고 부모가 받은 상이면서 동시에 하나님나라의 군사이기 때문이다. 군사가 많아야 전쟁에서 승리하듯이 영적 가정의 자녀가 많아야 하나님나라를 모든 영역으로 확장한다.

하나님나라의 군사인 자녀가 많아지는 방법은 여러 가지가 있다. 우선 그리스도인 가정들이 자녀를 많이 낳아야 한다. '둘도 많다. 하나만 낳아 잘 기르자'는 시대에 우리 가족은 세 명을 낳았다. 세 명을 낳은 것을 두고두고 감사한다.

'이 아이들이 없었다면, 내가 이렇게 큰 행복을 누릴 수 있었을까.'

자녀를 많이 낳으려면 먼저 결단해야 한다. 생각할 것도 많고, 현실적으로 고려해야 할 일이 많다. 그만큼 주저하게 된다. 교육비와 육아 비용 등 재정적인 면에서도 고민이 많아진다. 그러나 아이로 인해 얻는 축복이 훨씬 더 많다.

전 세계적으로 식량이 부족할까봐 출산 억제 정책을 추진했는데, 얼마나 잘못된 결정이었는지 현실이 확인해준다. 아이를 더 낳았다고 무조건 많은 돈이 지출되는 것은 아니다. 얼마든지 지출을 조절할 수 있다. 부모가 건강한 경제관념이 있고, 재정 관리를 잘한다면 육아 비용을 크게 줄일 수 있다. 아이들 옷과 장난감, 유모차 등 육아용품은 비싼 것을 살 필요가 전혀 없다. 비용에 따라 제품 차이도 크지 않고, 저렴한 용품도 얼마든지 제 가치를 발휘한다.

나는 집 근처에 살던 분에게서 만 원에 산 유모차로 두 명을 키웠다. 셋째 아이는 미국에서 키웠는데, 중고 가게에서 1달러짜리 유모차를 샀다. 재정이 부족해서 그렇게 키운 것이 아니다. 내 경제 철학이었다. 아이들은 건강하게 자랐고, 전혀 문제되지 않았다.

편리하게 키울수록 아이들의 몸이 더 약해진다. 유모차를 사용할 때도 많았지만, 아이들이 어려서부터 많이 걸어다녔다. 아이가 세 명이 되었을 때, 처음으로 차를 구입했다. 다른 사람을 의식해서 불필요하게 돈을 쓰는 것은 건강한 그리스도인이 할 일이 아니다. 체면이나 겉치레에 신경 쓰지 말라.

요즘은 교육비 때문에 아이를 낳지 못한다는 이야기를 자주 듣는다. 아이들이 네 살이 될 때까지는 엄마가 직접 키우면 좋다. 정서적으로 안정되고, 재정적으로도 절약할 수 있다. 생활용품을 놀이 도구로 삼아서 함께 놀면 된다. 비싼 장난감보다도 집에 있는 일상용품으로 놀면, 오히려 창의성이 높아진다. 육아 비용 등 가계 지출을 줄이면, 수입이 늘어나지 않아도 여유 있게 살 수 있다. 세상 욕심을 버리고 아이의 은사와 비전을 살리면서 부모가 중심이 되어 교육하면, 교육비도 얼마든지 조절할 수 있다.

엄마에게 비전과 자기 꿈이 있기 때문에 임신을 망설이는 경우도 많다. 비전은 결혼의 조건이 아니다. 그렇다고 결혼 전에 품었던 비전이 없어지지 않는다. 우리 부부는 결혼하면서 서로의 비전을 내려 놓았다. 두 사람이 진정으로 하나가 되려면 서로 다른 두 비전이 하나가 되어야 한다고 생각했다. 조금씩 조정하면서 우리 둘만의 비전을 만들었다. 그리고 새롭게 만든 비전을 기반으로 부부가 동역자가 되었다.

아이 한 명을 낳을 때마다 내 비전이 달라졌다. 비전은 살아 있는 생물과 같아서 계속 변화하고 새로워진다. 하나님나라를 위해 살겠다는 방향성만 유지하면 된다. 아이들이 있기 때문에 할 수 없는 일이 조금씩 늘어가는 것은 당연하다. 반면에 할 수 있는 일도 많아졌다. 오히려 남편과 아이들의 도움으로 비전들이 자연스럽게 이뤄지고 있다. 아이들이 도와주지 않았다면 지금까지 사역하지 못했을 것이다.

출산은 여자의 특권이자 축복

첫아이의 출산 경험 때문에 둘째를 낳는 것을 두려워하는 경우도 있다. 입덧이 심하거나 분만하는 과정이 힘들었으면 다시는 낳지 않으려고 한다. 그래서 건강한 출산 준비를 해야 한다. 내가 첫아이를 출산한 산부인과 의사 선생님은 대학생 선교단체에서 신앙 훈련을 받은 분이었다. 그래서인지 대화가 통하는 부분이 많았다. 의사와 산모의 관계를 뛰어넘어서 인생의 선배로서 여러 가지 도움을 받았다.

산모로서 도움이 되는 좋은 방법들도 배웠다. 특히 임신 중에 운동을 계속하라는 조언을 해줬다. 경사가 가파르지 않은 오르막길을 계속 걸어야 한다고 했다. 평평한 길보다는 오르고 내리기를 반복하는 수직 운동을 권했다. 적당한 장소가 없으면 낮은 산을 등산하거나 계단을 조심해서 오르내리라고 말했다. 실제로 첫아이를 출산하기 전날에도 뒷동산을 오르내렸다. 내리막길은 시야가 보이지 않아서 남편이 도와주었고, 올라가는 길은 나 혼자 다녀도 괜찮았다.

둘째를 낳기 전에 살았던 서울 신림동 집은 언덕의 경사가 심한 곳이었다. 간사들이 살다가 철수한 예수전도단 공동체 생활집이었다. 주거 환경이 불편하다고 힘들어하지 않고, 긍정적으로 생각했다.

'일부러 산에 가지 않아도 운동이 되겠구나.'

긍정적으로 받아들이니 출산 준비가 편해졌다. 셋째는 제주도 사라봉 근처에 살면서 임신 기간을 보냈다. 아름다운 산책길을 시간이 날 때마다 다니면서 즐겁게 운동했다.

첫아이를 임신했을 때 라마즈 호흡법을 배웠는데, 이는 호흡으로 진통을 조절하는 데 효과적이다. 진통이 올 때 숨을 깊이 들이마시고, 쉬는 시간에 호흡을 충분히 내어 뱉으면서 휴식하는 간단한 호흡법이었다. 비록 첫아이를 출산할 때는 호흡이 엉켜서 도움을 받지 못했지만, 둘째와 셋째는 큰 도움이 되었다. 거의 무통 분만 수준으로 평안하게 출산했다.

둘째는 설날에 낳았다. 나는 출산 시간에 맞춰서 적당한 시간에 병원에 도착했다. 호흡법으로 통증을 조절하면서 분만을 준비했다. 그런데 내가 통증을 호소하지 않아서인지 의사 선생님이 세배를 다녀오겠다고 나갔다. 간호사도 설날이라면서 잠깐 집에 갔다 오겠다고 말했다. 곧 출산할 것을 내 몸이 알고 있었는데, 모두 가고 남편만 내 곁에 있었다. 결국 딸은 남편 혼자 받았다. 나는 둘째를 그렇게 쉽게 낳았다.

노산만 아니라면 출산은 여자의 건강에 도움이 된다고 한다. 건강하게 출산한 여성은 자궁암에 걸릴 확률이 낮고, 모유 수유하면 유방암에 걸릴 확률이 많이 낮아진다고 한다. 임신 경험이 있으면 치매 확률이 낮아진다는 연구 결과도 있다고 한다. 출산은 여성에게 특권이고 축복이다.

산모는 환자가 아니다. 환자로서 병원에서 진료받는 것이 아니고, 아이를 낳기 위해 산부인과에서 도움을 받는 것이다. 출산은 신성한 일이다. 진료와 출산 과정에서 산모가 끌려다니면 안 된다. 자신 있고 당당하게 아이를 낳으라.

최근 임신한 젊은 부부를 상담하면서 초음파 검사를 너무 자주 한다는 말을 들었다. 임산부가 원하는 경우도 있고, 병원의 과잉 진료일 수도 있지만, 이는 신중하게 결정해야 한다. 처음 임신해서 불안한 엄마는 자주 병원을 가고 자꾸만 초음파를 찍어서 아이를 확인하려고 한다. 그때마다 엄마의 자궁 안에 안전하게 있는 아이가 너무 쉽게 노출된다. 태아를 소중히 여긴다면 검사를 줄여야 한다.

세 아이를 임신한 동안에 나는 태아 초음파 검사를 거의 하지 않았다. 기형아 검사는 아예 생각도 하지 않았다. 불안 마케팅에 휩쓸릴 필요는 없지 않은가. 검사가 꼭 필요할 때는 산모가 주도적으로 결정해야 한다. 나는 젊은 엄마들한테 종종 조언한다.

"불안을 몰아내세요. 불안을 떨치세요. 아기를 창조하고 계시는 그분을 믿으세요. 임신케 하신 이가 해산케 하십니다."

여호와께서 이르시되 내가 아이를 갖도록 하였은즉

해산하게 하지 아니하겠느냐
이사야 66장 9절

최근 불임 가정이 늘어나고 있다. 임신을 위해 우리 부부에게 기도를 부탁하는 가정이 점점 많아진다. 극적으로 임신하거나 의료 기술의 도움으로 아이를 출산할 때마다 우리는 정말로 기뻐한다. 어렵게 임신하고 출산한 만큼 하나님의 큰 축복이 있을 줄 믿는다.

입양과 영적 자녀도 다산의 축복이다

가슴으로 출산하는 입양도 다산의 축복을 받는 일이다. 우리 가족이 안식년을 보내도록 게스트 하우스를 제공한 국제 YWAM 간사 부부는 입양의 축복을 받은 대표적인 가정이다. 미국인으로 둘 다 건강한 백인이었다. 선교사로 일찍 헌신하여서 20대 초반에 결혼했다.

신혼 초에 부부가 함께 아이를 많이 낳기로 결정했는데, 임신이 되지 않았다. 병원의 진단 결과 불임임을 알게 되었다. 두 사람은 입양을 결정하고 입양 기관을 방문했다. 그곳에 아무도 입양하지 않는 흑인 아이가 있었다. 그 아이를 보자마자 부모로서 특별한 마음이 일어나서 기쁨으로 입양했다. 그런데 놀랍게도 입양한 이후에 태의 문이 열려 임신하게 되었다. 의학적 한계를 뛰어넘은 기적이었다. 그래서 임신이 될 때마다 계속 출산하였는데, 현재 열 명을 낳았다. 그 가정과 6개월을 함께 살면서 다산의 축복을 직접 경험했다.

그 집 아이들은 오전에는 부모와 함께 모여 예배하고 책을 읽는다. 그 시간이 끝나면 조금 큰 자녀들은 자기가 맡은 동생들을 데리고 수업을 진행한다. 점심을 다 같이 준비해서 먹고 오후에는 각자 자유롭게 보낸다. 어떤 아이는 소와 말을 돌보고 어떤 아이는 70여 마리나 되는 닭을 돌본다. 그 닭들이 낳은 계란을 모아 팔아서 대학 학비를 준비한다.

어느 날은 아빠를 따라 시장에 나가서 동물농장을 지켜줄 라마를 사러 간다며 우리 아이들도 같이 가자고 했다. 어떤 날은 짚더미를 실은 트럭을 타고 온 가족이 동네 한 바퀴를 돌며 논다. 딸들은 봄이면 양지 바른 곳에 피크닉 바구니를 내려놓고 수다를 떤다. 어린 아들들은 트램펄린에서 공처럼 튀어오르고 조금 자란 아들들은 아빠와 함께 마라톤 연습을 한다.

그 집에서 크리스마스에 우리 가정을 초대했다. 가까운 곳에 사는 다른 가정도 초대했다. 그런데 그 가정도 입양과 출산으로 아이들이 아주 많았다. 한국 음식을 좋아하는 두 가정의 아이들을 생각해서 나는 불고기와 잡채를 넉넉히 만들어 갔다. 우리까지 세 가정이 모였는데 아이들만 스무 명이 넘었다. 그날 모두 함께 부른 크리스마스 캐롤의 화음은 정말 아름다웠다.

이처럼 자녀가 많은 가정을 요즘 한국에서는 보기 힘들다. 한두 명이 대부분이다. 많은 그리스도인이 입양을 통해 믿음의 후손을 낳는 모습은 정말 아름답다. 또 도움이 필요한 전 세계 아동과 결연을 통해 믿음의 후손을 양육할 수도 있다. 화살통에 가득 화살을 비축

할 수 있는 방법은 많다. 육적이든 영적이든 부모가 되는 일은 하나
님나라의 무기를 준비하는 일이다. 그 무기가 많을수록 하나님나라
는 승리한다. 다산은 축복이다.

chapter

09

—

하나님나라 군사답게
전인적으로 훈련하라

아담이 혼자 사는 것이 좋지 않았다. 그래서 하나님은 또 한 명의 사람을 만드셨다. 아담과 함께 살도록 돕는 배필로 하와를 만드셨다. 하나님이 사람을 만드실 때 서로 돕고 사는 존재로 만드셨다는 뜻이다. 서로의 약점과 단점을 보완하고 보충해주면서 살 때, 서로의 소중함을 알게 되기 때문이다. 소중히 여기면서 아껴주고 고마워하면서 사는 것이 사랑 아니겠는가.

하나님은 사람을 서로 사랑하는 존재로 만드셨다. 그 사랑을 실천하려면 탐심을 버려야 한다. 욕심과 탐심은 한번 들어오면 쉽게 떼어내기가 힘들다. 그래서 아기 때부터 탐심이 생기지 않도록 교육하는 것은 아주 중요하다.

탐심을 버리고 만족을 가르치기

부모가 자녀에게 나누는 법을 가르치면 욕심과 탐심을 막을 수 있다. 어떻게 가르칠 것인가. 일상생활에서 작은 일부터 주의 깊게 관찰하면서 가르칠 기회로 삼아야 한다.

먹을 것을 한 손에만 들려주기

먹을 것을 한 손에만 들려주었다. 아주 사소한 방법이지만 큰 도움이 되었다. 간식이든 과자든 한 손에만 들게 했다. 어떤 아이는 늘 양손에 움켜쥐려 한다. 그것은 욕심이다. 아기에게 욕심이 잉태하는 순간을 방치하면 안 된다. 자신이 가지고 있는 것에 만족하지 않고 더 가지려고 양손에 움켜쥐며 자라는 아이는 어느새 욕심을 당연하게 생각한다. 두 손으로 움켜쥔 것을 입 안에 가득 넣고, 또는 자기 앞으로 모두 끌어다 놓고서도 더 차지하기 위해 다른 사람이 가진 것을 탐내는 아이도 있다.

욕심을 방치하면 탐심이 된다. 탐심이란 일정한 기준과 선을 넘어버린 욕심이다. 자신의 능력으로 욕심을 채울 수 없을 때 다른 사람이 가지고 있는 것을 빼앗게 된다. 잘 노는가 싶던 아이가 갑자기 옆 친구의 장난감이나 책을 뺏으면 당연하게 여기지 말라. 심한 경우에는 다른 친구의 물건을 빼앗기 위해 친구를 밀치고 때리기도 한다. 또 자신이 갖지 못하면 남의 장난감을 부숴버리거나 책을 찢어버리기도 한다. 아이들은 원래 그렇게 큰다고 말하지 말라. 그것은 거짓말이다. 욕심은 어린아이 안에서도 자란다.

사회성의 기본은 서로 존중하고 나눠주는 삶이다. 어린 아기 시절부터 이것을 가르쳐야 한다. 하나님은 우리 자녀를 좋은 것을 나누는 복으로 보내셨다. 부모가 자녀를 바르게 가르친다면 자녀는 반드시 바르게 자란다. 부모가 만족하는 법과 감사를 가르친다면 자녀는 그렇게 자란다. 나눠주는 법을 교육한다면 자녀는 그것을 습득한다. 부모가 복이 되도록 이끈다면 자녀는 그렇게 따라온다. 다른 사람의 음식을 빼앗지 않고 자기 것만 먹는 일은 만족을 가르치는 좋은 방법이다. 그러면 욕심과 탐심이 들어올 공간은 점점 좁아진다.

우리가 제주도에 살 때 아이들은 제주 열방대학에 있는 음료수 자판기를 좋아했다. 돈을 넣고 버튼을 누르면 '쿵' 하고 떨어지는 음료수 기계를 신기해했다. 며칠 동안 집안일을 도와서 용돈을 받으면 음료수를 마시러 가곤 했다.

"와, 나왔다."

"오빠가 따줄게."

음료수 한 개를 세 아이가 정답게 마셨다. 지나가던 목사님이 아이들이 음료수 하나로 나눠 마시는 것이 기특하기도 하고, 안쓰럽기도 했는지 하나를 더 사주시려고 했다.

"목사님이 하나 더 뽑아줄까?"

"아니요. 괜찮아요. 저희는 하나로 나눠 먹는 게 더 좋아요."

아이가 하는 말을 듣고 목사님은 기분이 좋으셨다고 한다. 그리고 우리 가족이 열방대학을 떠날 때까지 아이들에게 음료수를 사주셨다.

서로 나눠 먹는 훈련은 의외로 쉽지 않다. 한 봉지만을 사서 서로 나눠 먹게 하는 것보다는 두 봉지를 사서 각자의 손에 한 봉지씩 들려주는 것이 더 편하다. 그러나 편한 방법을 택하면 다른 사람을 생각하고, 자기가 더 많이 먹고 싶은 마음을 절제하는 법을 배우지 못한다. 엄마가 나눠주지 않고, 아이들이 서로 알아서 나눠 먹게 하라. 아이들의 사회성을 키워주자는 대원칙을 갖고 생활을 돌아본다면, 좋은 아이디어가 많이 떠오른다. 일상생활의 여러 기회를 활용하면, 건강한 사회성을 쉽고 재미있게 가르칠 수 있다.

장난감도 한 번에 하나만

우리 집에서는 동시에 두 개의 장난감을 사주지 않았다. 하나를 갖고 충분히 놀게 했다. 익숙해지고 친해지고 정이 들 수 있는 시간을 충분히 주는 것이 좋다. 추억을 쌓을 수 있는 여유를 주는 것이다. 우리 아이들은 지금도 자기의 장난감을 갖고 놀던 순간들을 기억한다.

아이들은 사물과도 정이 든다. 그래서 어린아이다. 《어린 왕자》에 나오는 아름다운 이야기가 우리 아이들에게도 그대로 나타난다. 어린 왕자가 장미 한 송이를 소중히 여기듯이 아이들은 자기의 장난감을 소중히 여겼다. 장난감 하나에 충분히 길들여지는 시간을 주었기 때문이다. 비록 작은 인형일지라도 충분한 시간을 갖고 함께 놀면서 이름을 지어주고 노래를 불러주며, 안아주고 업어주면서 사랑하게 한다. 그러면 아이는 마음의 안정과 풍성한 정서를 갖게 된다.

하나에 익숙할 틈도 없이 금방 다른 것을 사주거나 다른 종류로 바꿔주지 말라. 특히 발 디딜 틈도 없이 많은 장난감으로 아이 방을 채우지 말라. 한 개의 자동차를 고치면서 많은 이야기를 상상한다. 몇 개 안 되는 레고 조각을 갖고 놀면 잃어버린 레고 조각 하나가 얼마나 소중하겠는가. 포기할 수 없어서 찾고 찾다가 하나님께 도와달라고 기도하게 된다. 그러면 생활 속에서 자연스럽게 기도를 배울 수 있다. 자기가 갖고 노는 장난감 하나가 얼마나 소중한지 배워야 한다. 그래야 만족하는 아이가 된다.

때 묻은 강아지 인형을 씻겨주면서, 공주 인형의 머리를 빗겨주고 옷을 입혀주면서, 쌓아놓은 블럭에 이름을 하나하나 지어 부르면서 아이의 상상력은 자란다. 상상력이 풍부한 사람은 늘 즐겁다. 이렇게 삶의 작은 일에서 즐거움을 누릴 줄 아는 사람이 창조적 사고를 하게 되는 것은 당연하다. 아이들은 단 하나의 낡은 장난감을 가지고도 얼마든지 상상의 날개를 펴서 우주를 날 수 있다. 그리고 그렇게 자랄 때 행복하다. 아이의 행복을 빼앗지 말라.

온갖 종류의 새롭고 신기한 장난감이 넘치는 세상에서 하나씩만 사주는 것은 쉽지 않다. 그렇지만 부모에게 확고한 신념이 있다면 아이들은 따라온다. 아이들은 부모의 가치관을 따르면서 건강한 사회성을 배우게 된다.

장난감도 서로 다른 종류를 사주고 같이 놀게 했다. 동생은 누나의 동물 인형을 자신의 레고 왕국에 초대했고, 누나는 동생의 레고 조각을 이용해서 인형의 집을 만들었다. 공룡 책과 공주 책, 만화책과 동화책을 서로 빌려 읽게 했다. 나눔은 공유를 낳고 공유는 공감을 낳는다. 공감은 친밀감을 싹 틔우고 친밀감은 형제우애로 자란다. 형제우애는 이웃 사랑으로 흐른다.

책도 한 번에 한 권씩만

남편은 아이들을 데리고 서점에 가기를 좋아했다. 그때마다 반드시 지키는 원칙이 있다. 책을 한 권만 사는 것이다. 그래서 아이들은 책 한 권을 읽고 또 읽었다. 그렇게 읽다보면 내용을 완전히 외우고, 책장에 나오는 그림 조각까지 다 암기한다. 책을 한 권만 사준 이유 역시 작은 일에 만족하는 습관을 만들기 위해서다. 책을 좋아하는 것은 좋은 일이지만, 이것도 자칫 방심하면 욕심이 생긴다. 책 한 권의 원칙은 우리 가정의 전통이었다. 청소년이 되어서야 한 권만 사는 전통을 바꾸었다. 그때는 스스로 조절할 수 있었기 때문이다.

서점에 가는 시간을 기다리면서 아이들은 기다림도 배웠다. 도서관에서는 몇 권이라도 충분히 읽게 했지만, 대여할 때도 욕심을 버리도록 가르쳤다. 꼭 읽을 수 있을 만큼 빌리도록 권수를 제한시켰다. 책의 소중함을 깨닫는 것은 많은 책을 소유할 때가 아니다. 한두 권일지라도 좋은 책을 만났을 때다. 읽지도 않고 집에 가득 쌓아둔 책은 오히려 아이들로 하여금 책에 대한 흥미와 책의 가치를 떨어뜨리게 한다.

무조건 책을 읽는 것보다 무슨 책을 읽느냐가 더 중요하다. 아이를 해치는 책도 서점에 수두룩하다. 공포나 폭력, 어른 흉내내기 같은 책은 반드시 주의해서 읽게 해야 한다. 우리 아이들은 한 권의 책만 살 수 있기에 저절로 책을 고르는 훈련이 되었다.

한 손에 먹을 것을 쥐게 하고, 장난감 하나로 충분히 놀게 하며, 한 권의 책이 얼마나 소중한지 알게 해주었더니 아이들은 감사와 만족을 배웠다. 그러면서 자연스럽게 서로에게 나눠주는 사회성도 만들어갔다. 자기가 만족해야 다른 사람을 돌아볼 수 있다.

사회성 훈련

사회성 훈련을 강조하고 실천하는 데, 홈스쿨은 큰 도움이 되었다. 홈스쿨과 관련된 대화를 하다보면 사회성을 염려하는 질문이 많다. 공교육의 장점도 많다. 현실적으로 학교에 보내야 하는 가정이 대부분이고, 학교생활을 잘하는 자녀들도 아주 많다. 그렇지만 서로 사랑하고 존중하는 건강한 가정에서 성장한 자녀들의 사회성이 뛰어나다. 친구 관계보다는 가족 관계가 사회성 개발에 훨씬 더 중요한 영향을 미친다.

듣기와 말하기 훈련

홈스쿨을 하면서 발표하는 시간이 많았다. 어느 과목을 공부하든지 내용을 말하게 했다. 심지어 요리를 공부할 때도 어떤 맛인지 말하게 하고, 어떻게 만들면 더 훌륭한 맛을 낼 수 있는지 자신의 의견을 이야기하도록 했다. 말하기는 듣기와 쌍둥이 훈련이다. 누군가 말한다는 것은 누군가는 듣는다는 의미다. 그래서 듣기 훈련을 함께 했다. 경청을 배워야 좋은 인간관계를 맺게 된다.

아침에 성경을 큰 소리로 읽을 때는 경청 훈련을 하기에 좋은 시간이었다. 다른 사람이 읽을 때 잘 들어야만 자기 차례가 되면 이어서 읽을 수 있다. 성경 읽기와 함께 듣기 훈련도 겸했다. 책을 읽을 때보다 대화할 때는 듣기가 더 중요하다. 성경을 읽고 나누고 토론하는 시간을 많이 가졌는데, 다른 사람의 의견을 얼마나 잘 듣고 있는지 확인하는 시간이었다.

듣는 법을 훈련한 가장 큰 이유는 예의를 가르치고 싶어서였다. 아이에게 다른 사람을 존중하는 법을 반드시 가르쳐야 하는데 이는 올바른 경청의 자세에서 나온다. 타인이 말할 때는 자신이 하던 일이나 자기 생각을 멈추고 몸을 상대를 향해 돌린 후 말하는 사람의 눈을 바라보고 듣게 했다. 이러한 자세를 일일이 가르치며 사람의 말과 생각을 존중하는 사회성이 만들어졌다.

듣기가 잘되면, 말하기는 비교적 쉽다. 자신의 깨달음을 나눌 때 핵심을 조리 있고 간결하게 하도록 훈련했다. 뿐만 아니라 다른 사람의 의견에 동의하거나 반박할 때 적합한 어휘를 찾게 했다. 잠언 공부가 큰 도움이 되었다. 말하는 법에 대한 내용이 잠언에 많이 나온다. 엄마가 강조하는 내용이 성경에 나오니까 아이들이 곧바로 이해하고 잘 따라왔다.

· 비뚤어지고 구부러진 말을 하지 마라(잠 4:24).

- 함부로 말하는 것은 칼로 찌르는 것과 같다(잠 12:18).
- 헛된 말과 거짓말을 멀리하라(잠 30:8).
- 말이 조급한 사람은 가장 어리석다(잠 29:20).

은 쟁반에 금 사과처럼 경우에 합당한 말, 때에 맞는 아름다운 말, 듣는 이의 감정과 기분을 살리는 칭찬과 격려의 선한 말, 유쾌하고 정직한 말, 유순한 대답과 사람을 살리는 약이 되는 말의 중요성이 잠언에 있다.

- 선한 말은 근심하는 사람의 마음을 위로한다(잠 12:25).
- 유순한 대답은 분노를 쉬게 한다(잠 15:1).
- 때에 맞는 대답은 기쁨을 주므로 아름답다(잠 15:23).
- 정직하게 말하는 사람은 왕들의 사랑을 입는다(잠 16:13).
- 선한 말은 꿀송이 같아서 마음에 달고 뼈에 양약이 된다(잠 16:24).
- 만일 네 입술이 정직을 말하면 내 속이 유쾌하리라(잠 23:16).
- 적당한 말로 대답함은 입맞춤과 같다(잠 24:26).

들기와 말하기는 사회성의 기초가 된다. 사회성의 정의가 무엇인가. 사람은 처음부터 다른 사람과 더불어 살도록 지음받았다. 서로 더불어 살아가는 인간 사회의 최고의 덕목은 서로를 존중하는 일이다. 이를 잘 지키는 사람이 사회성이 좋은 사람이다. 다른 사람을 소중히 여기려면 자기의 존재 가치를 먼저 환영받아야 한다.

나는 우리 아이들에게 사람은 존재 자체로 가치 있음을 가르치며, 다른 사람을 가치 있게 대하도록 가르쳤다. 다른 사람을 가치 있게 대하는 태도가 사회성이라고 아이들에게 항상 말했다. 이러한 사회성을 배우고 훈련할 곳이 바로 가정이다. 가정에서 자신의 가치를 충분히 인정받고 자라면 사회성이 좋은 사람이 된다. 그래야 사람들에게 사랑받고 사람을 사랑하면서 행복한 삶을 살게 된다. 나는 우리 아이들에게 사회성이 좋은 사람으로 성장할 것을 강조했다. 서로가 다름을 받아들이고 서로를 존중하도록 가르쳤다.

배려하는 훈련

아이들이 놀고 있는 동네 놀이터에서 누군가를 놀리는 소리가 들렸다.

"메롱! 메롱!"

봄 햇살이 좋아서 피곤한 몸을 벤치에 기대고 있던 나는 무심코 소리 나는 쪽으로 고개를 돌렸다.

'아니 이럴 수가! 우리 막내아들이 옆집 아이를 놀리고 있다니….'

그날 저녁 조용히 집에 데려와 막내아들에게 말해주었다.

"너는 다른 사람에게 복이 되기 위해 이 세상에 왔단다. 너는 아무 생각 없이 놀리는 말을 했을지라도 듣는 친구는 속이 상하고 기분이 나쁠 수 있어. 하나님이 너에게 입을 주신 이유는 좋은 말을 해서 다른 사람에게 도움이 되라고 하신 거야. 만약 네가 좋은 말을 할 수 없다면 아무 말도 하지 않는 것이 더 낫단다."

아들은 잘 알겠다며 고개를 끄덕였다. 그러고는 친구를 놀리는 '메롱, 바보, 멍청이' 같은 말을 다시는 하지 않겠다고 약속했다. 막내는 특유의 비장한 표정으로 눈에 힘을 주며 입을 굳게 다물었다.

그리고 며칠이 지났다. 우리 가족이 차례대로 성경을 소리 내어 읽고 있었다. 쉬운성경을 읽던 막내아들이 자기 차례로 돌아온 구절에서 갑자기 읽기를 멈추었다. 평소에 가장 큰 소리로 읽던 아이여서 이상했다. 아이는 입을 굳게 다물고 성경을 가리켰다. '바보'라는 단어를 가리키면서 자기는 그 단어를 읽지 않겠다고 했다. 그 단어는 말하지 않기로 결심했기 때문에 읽을 수가 없다는 것이다.

이제 막 걸음마를 시작한 친구 딸아이가 우리 집에 놀러 왔다. 온갖 예쁜 재롱으로 모두를 기분 좋게 했다. 어린아이로 인한 활기가 순식간에 온 집안을 가득 채웠다. 그렇게 잘 놀던 아이가 무슨 까닭인지 갑자기 자기 엄마 얼굴을 꼬집었다. 최근에 생긴 버릇이란다. 교회 유아실에서 꼬집힌 친구들도 있다고 했다.

더없이 사랑스러운 자녀가 남을 놀리고 꼬집는 버릇을 갖고 있다면 그 아이의 좋은 모습조차 모두 없어져버린다. 그러나 분명한 기준으로 가르친다면, 오히려 자신의 존재 이유를 배우는 좋은 기회가 된다. 다른 사람에게 복이 되기 위해 태어났음을 어렸을 때부터 알게 된다. 어린 아기에게 무리한 가르침이라고 생각하지 말라. 다른 사람을 꼬집고 놀리는 말을 이미 배웠다면, 다른 사람을 위로하고 배려하는 행동도 당연히 배울 수 있다.

마땅히 행할 길을 아이에게 가르치라

그리하면 늙어도 그것을 떠나지 아니하리라

잠언 22장 6절

형제 관계를 통해 사회성을 훈련하라

우리 가족이 미국에 있는 국제YWAM 선교전략센터에서 사역을 마치고 한국으로 온 이후에 큰아들이 평소보다 많이 먹는가 싶었는데, 금방 과체중이 되었다. 그때부터 달리기 시합을 하면, 가끔 여동생에게 뒤쳐졌다.

'또 동생이 앞서 달리네.'

아이들이 달리기하며 노는 모습을 멀리서 지켜보았다. 여동생에게 지는 아들이 짜증낼까봐 괜히 걱정이 앞섰다. 아니나 다를까. 화를 내는 말이 멀리서 지켜보는 내 귀에까지 들렸다.

"다시는 너와 달리기하지 않겠어."

큰아들은 무엇이든지 제 나이보다 앞서 갔다. 옹알이도 일찍 했고 어순에 맞게 말도 빨리했다. 기저귀를 떼거나 대소변 가리기 등 많은 부분에서 또래에 비해 먼저 했다. 글을 읽고 쓰고 셈하기도 마찬가지였다. 그러더니 모든 부분에서 앞서 가려고 했다.

나는 큰아들을 야단치기보다는 사회성을 가르치는 기회로 삼았다. 사람은 잘하고 못하는 게 서로 다른데, 그때마다 화를 내면 되겠는가. 사회성은 우리 가정의 자녀교육에서 강조한 핵심 가치 중

하나였다. 그날, 아들과 둘이 걸으면서 많은 이야기를 했다.

"너는 다 잘할 필요가 없단다. 또 모두를 이기지 않아도 돼. 동생한테 졌다고 부끄러워하거나 화를 낼 일은 더욱 아니지. 네가 힘껏 달렸다면 그것으로 충분하단다. 더 빨리 달리고 싶다면 매일 달리기 연습을 하면 되고. 너는 지금도 잘하고 있어. 네가 잘하는 것을 계속 갈고닦으렴. 그래야 너의 도움이 필요한 사람들을 도울 수 있단다. 네가 부족한 부분은 다른 사람의 도움을 받게 될 거야. 그러니까 안심해. 하나님은 사람을 서로 도우며 더불어 살도록 지으셨거든."

내 말을 경청한 아들은 그다음부터는 달리기 시합을 하면서 짜증을 내지 않았다. 동생하고도 아무 일 없었다는 듯 잘 놀았다. 그리고 불과 몇 달 만에 정상 체중으로 돌아오면서 동생보다 훨씬 더 빨리 달렸다. 그런데 동생에게 달리기를 지던 그 몇 달이 인간관계에 대하여 어느 때보다도 많이 배운 기간이었다. 가정교육과 집안 분위기에서 인간관계의 기초를 만들어야 건강한 사회성을 갖게 된다.

큰아들과 산책하고 집에 돌아오니 막내아들이 어디서 들었는지 느닷없이 태동에 대해 물었다. 배 속에서 아기가 움직이는 것이 사실이냐며 신기해 했다. 나는 세 아이의 태동을 기억하며 그 감각을 회상하며 아이들에게 퀴즈를 냈다.

"자, 한번 알아맞춰 볼래? 권투를 하듯 엄마 배를 손으로 친 아기가 있었어. 다다다 소리가 들리는 것 같았어. 그때마다 엄마는 깜짝 놀랐지. 그 아기가 누구였을까?"

"형아인가요?"

"아니…."

"누나인가요?"

"누나는 아주 조용했단다. 마치 숨바꼭질하는 것 같았어."

"그럼 내가 그랬어요? 내가 엄마를 주먹으로 쳤다고요? 그럴 리가 없는데…."

엄마를 최고로 사랑한다고 늘 말하던 막내가 아주 미안해했다. 그런 막내의 표정을 보면서 우리 모두 웃었다. 형은 손이 아닌 발로 축구하듯 엄마 배를 찼어도 엄마는 전혀 아프지 않았다고 막내를 안심시켰다.

"오히려 너희들이 엄마 배 속에서 움직일 때 엄마가 얼마나 행복했는지 몰라. 세 명 다 전혀 다르게 움직여서 얼마나 신비스러웠는지를 이야기해줄게."

서로 태동이 달랐다는 이야기를 듣던 아이들은 또 무엇이 달랐는지 궁금해했다. 모든 성장 과정이 달랐다는 이야기를 하나하나 들려주었다. 그러면서 서로 다름을 인정하고 축복해야 좋은 사람이 된다고 말해줬다. 한참을 듣고 있던 막내가 갑자기 생각났는지 친구 이야기를 했다.

"잘 알겠어요. 엄마! 사람은 정말 달라요. 얼마 전에 친구가 나한테 이렇게 말했어요. '도서관을 나오자마자 책을 펼쳐 읽으면서 걷다가 전봇대에 부딪치는 너 같은 아이를 처음 본다.' 사실 저도 축구공을 아무리 따라다녀도 지치지 않는 내 친구가 신기해요."

이처럼 사람은 태동부터 다르다. 아이가 엄마 배 속을 운동장 삼아 밤새도록 뛰어다녀서 한숨도 못 잤다는 임산부도 있다. 사람은 출발부터 모두 특별하고 모두 다르다. 우리 아이들도 말을 시작한 시기가 모두 달랐다. 기는 시기도 달랐고, 일어서서 걷는 시기도 달랐다. 아무렇지 않게 다른 사람에게 안기는 아이가 있는가 하면, 낯가림이 심한 아이도 있었다. 우리 큰아들은 많은 사람을 쉽게 사귄다. 딸은 가는 곳마다 친구를 깊게 사귄다. 특히 기독교인이 아닌 사람들과도 친하게 지낸다. 막내아들은 여러 연령층과 좋은 관계를 맺는다.

다른 아이들 중에도 엄마와 떨어져서 잘 노는 아이도 있고 껌딱지처럼 붙어 지내는 아이도 있다. 벌레를 예쁘다며 키우는 아이도 있고, 개미 한 마리에 소스라치게 놀라는 아이도 있다.

사람이 다르기 때문에 재능도 다르고, 기질도 다르다. 잘하는 것도 못하는 것도 서로 다르다. 그래서 서로를 인정하고 귀하게 여기는 건강한 사회성을 갖춘다면 하나님의 군사로 귀하게 쓰임 받는다. 이를 위해 가정에서 사회성을 훈련해야 한다. 가정에서 사회성을 훈련하는 가장 좋은 방법은 형제관계를 통해서다.

동생을 환영하게 하라

딸을 임신했을 때였다. 계단을 내려가는데 다음 계단이 잘 보이지 않았다. 산달이 가까운 커다란 배 때문이었다. 넘어지지 않으려 난간을 꼭 잡고 더듬거리며 조심스레 발을 내딛었다. 계단 아래에서 기다리던 어린 아들이 엄마 손을 잡아주며 말했다.

"엄마! 오늘은 배가 더 커졌어요. 조심하세요."

"그래, 고맙다. 그런데 네 동생을 곧 보게 될 거야!"

"와!"

아들은 펄쩍펄쩍 뛰며 좋아했다.

"그렇게 좋아?"

"그럼요. 동생 빨리 보고 싶다고 얼마나 많이 기도했는데요."

동생의 임신 소식을 듣던 날부터 첫아이는 태어날 동생을 그려보며 기다렸다. 엄마 배에 손을 얹고 함께 기도했다.

'동생을 지켜주세요. 건강하게 자라게 해주세요.'

기도만 했겠는가. 벌써부터 양보도 많이 했다. 다리가 아파서 엄마한테 안기고 싶어도 꾹 참았고 오히려 자기가 엄마를 안아주겠다며 등 뒤에서 엄마를 안았다. 엄마랑 더 놀고 싶어도 엄마를 쉬게 했다. 엄마 배 속에 동생이 있으니까. 출산일이 점점 가까워지자 남편은 출생 관련 책을 아들에게 읽어주었다.

"말이 낳으면 망아지. 소가 낳으면 송아지. 개가 낳으면 강아지. 엄마가 낳으면 내 동생."

아들은 아빠가 읽어주는 책 내용을 큰 소리로 따라했다.

드디어 엄마가 병원에 가는 날, 자기도 함께 가겠다고 했다. 집에서 고모와 기다리라는 아빠 말을 듣고, 현관문 앞에서 기다리고 또 기다렸다. "따르릉." 드디어 벨이 울렸다. 동생이 태어난 걸 알게 된 아이는 아빠에게 물어봤다.

"아빠! 동생 몇 마리 낳았어요?"

아이는 진심으로 동생을 환영했다. 하나님이 동생을 자기에게 선물로 주셨다며 좋아했다. 이는 철저한 준비와 교육의 열매였다. 둘째를 임신하고, 우리 부부는 첫아이한테 동생은 선물임을 본격적으로 가르쳤다.

가장 먼저 큰아이에게 선물을 주라

엄마가 동생을 임신한 기념으로 치즈케이크, 책, 소프트아이스크림 등 아이가 좋아하는 것으로 한 번에 하나씩 선물을 주었다. 그때마다 '동생 기념 선물'이라고 강조했다. 엄마 배 속에 있다는 동생은 말 그대로 축복의 통로였다. 엄마 배가 커질수록 선물도 늘어갔다.

동생이 태어나면, 특별 보너스 선물이 있을 거라고 미리 알려주었다. 동생이 태어난 날 아빠는 아들 손을 잡고 큰 서점에 가서 아들이 골라온 책을 전부 사줬다. 그날은 동생이 태어난 특별한 날 아닌가. 평소에 어떤 일이 있어도 한 권만 샀던 책인데 특별 보너스로 책 열 권을 받아든 아들은 얼마나 감격했을까. 동생이 태어난 후에도 큰아이가 선물을 받는 일은 계속되었다.

둘째 아이가 태어났을 때, 우리 부부는 역할 분담을 했다. 갓 태어난 동생 때문에 엄마와 놀 시간이 줄어든 큰아이를 아빠가 데리고 놀기로 했다. 아빠는 아들 손을 잡고 자주 외출했다. 작은 선물을 하나씩 사주며 '엄마 아빠는 여전히 너를 사랑한다'는 말을 증명하고자 미리 계획했던 일들을 실천했다.

큰아이는 동생을 예뻐했다. 조심스레 손과 발을 만져보고 머리도 쓰다듬었다. 그러다가 배 위에 손을 얹고 자기 동생을 건강하게 자라게 해달라고 기도하곤 했다. 동생을 키우느라 수고하는 엄마도 많이 도와주었다.

미처 준비하지 못하고 동생을 맞이한 첫째 아이들이 얼마나 힘들어하는지 우리 부부는 주위에 있는 가정에서 종종 보았다. 자기가 받던 관심과 사랑이 한 번에 동생에게로 옮겨가버린다면 얼마나 큰 충격을 받겠는가. 동생이 엄마 배 속에 있음을 알았다 할지라도 실체를 받아들이기는 쉽지 않다. 그래서 "너는 여전히 소중한 우리 아이란다"라고 표현해주는 것이 중요하다. 뿐만 아니라 큰아이에게 동생을 맞이한 기념으로 선물한 이유는 '동생은 너에게로 온 하나님의 선물'이라는 메시지를 전달하기 위해서였다. 형제자매가 서로를 선물로 받아들인다면 얼마나 우애 있게 잘 지내겠는가.

그래서 우리 부부는 큰아이에게 쏟았던 관심과 돌봄을 갑자기 동생한테 모두 옮기지 않았다. 둘째 아이 출생을 축하하러 오겠다며 필요한 것을 물어보는 지인에게도 가능하면 큰아이 선물을 부탁했다. 오빠가 되어서 좋겠다며 축하한다는 말을 해달라는 부탁도 곁들였다. 그 분들이 우리 집에 왔을 때, 큰아들은 마치 연극의 한 대목처럼 축하받았다. 축하를 많이 받은 큰아이는 동생을 더욱 자랑스러워했고 엄마도 즐겁게 도와주었다.

둘째가 태어나고 며칠 만에 황달기가 보였다. 병원에서는 상황이 심각하다며 입원을 권했다. 한 달도 안 된 갓난아기를 형광등 아래 혼자 둔다고 생각하니 가슴이 저몄다. 입원을 망설이는 내게 의사가 말했다.

"늦어도 내일까지 결정해주세요. 내일까지 일정한 수치로 내려가지 않으면 반드시 입원해야 합니다."

집에 돌아온 나는 밤새 잠을 이루지 못했다. 수치가 떨어지기를 기도했다. 당시 세 살이던 아들도 잠을 안 자고 동생 몸에 손을 얹고 간절히 기도했다.

"하나님, 동생이 낫게 해주세요. 황달 수치가 내려가게 해주세요."

얼마나 열심히 기도하던지 그 모습에 우리 부부는 힘을 얻고 믿음이 생겼다. 조마조마하는 마음으로 다음 날 병원에 갔다. 의사는 수치가 내려간 원인은 잘 모르겠지만 갓난아기가 입원하지 않게 되어 다행이라며 기뻐해주었다. 의사의 말을 전해들은 아들은 자기 기도가 응답되었다면서 뛸 듯이 기뻐했다.

막내는 태어난 지 조금 지나서부터 밤만 되면 울었다. 안아주고 업어주며 온갖 방법으로 달래보았지만 소용이 없었다. 우리 가족은 함께 기도했다.

"하나님 아버지! 막내 동생이 밤에 잠을 자게 해주세요. 울지 않고 아프지 않게 해주세요."

"하나님, 예쁜 동생이 계속 울어요. 도와주세요. 꼭 고쳐주세요."

동생을 위한 기도에 형도 누나도 열심이었다. 밤마다 계속되는 아기 울음소리를 들으신 위층 권사님이 도와주고 싶다며 내려오셨다. 잘 아는 한의사를 소개해주셔서 치료받았더니 감쪽같이 야경증이 사라졌다.

서로 감사와 칭찬을 말하게 하라

나는 세 자녀가 서로를 선물로 여기며 평생 우애 있게 지낼 것을 당부하며 몇 가지를 더 실천했다. 우리 집은 정기적으로 가족의 시간을 갖고 있다. 그 시간에 서로를 향해 감사를 자주 표현하게 한다. 한 사람을 지목하고 서로 돌아가면서 그 사람에게 감사를 말한다. 어느 날, 아빠가 큰아들에게 말했다.

"아빠가 없을 때 엄마를 도와서 동생을 돌봐주었다고 들었어. 정말 고맙고 자랑스럽구나."

그다음은 엄마가 말했다.

"어제 엄마 어깨를 두드려줘서 정말 상쾌했단다. 네가 있어서 엄마는 정말 고맙고 행복해. 밥 먹을 때 맛있다고 말해줘서 고맙고, 쓰레기 버려줘서 고맙고, 화초에 물을 주어서 고마워. 무엇보다 동생들을 잘 챙겨줘서 고마워."

아빠가 또 생각났다며 끼어들었다.

"아빠 출근할 때 일찍 일어나 '잘 다녀오세요'라고 인사했지. 하루 종일 기분이 좋았단다. 고마워."

자기 차례를 기다리던 막내가 큰 소리로 말했다.

"음, 블록놀이 같이 해줘서 고마워. 칼싸움도. 그리고 또 형아가 있어서 좋아. 감사해."

골똘히 생각하던 딸이 입을 열었다.

"오빠가 어제 만들어준 계란 요리는 정말 맛있었어. 그리고 테이블 세팅도 예뻤고."

다음은 큰아이가 동생들에게 감사를 말하고, 동생들이 답했다. 그렇게 가족의 시간을 보낸다. 이렇게 소소한 일상에서 감사거리를 찾고 서로 말하다 보면 감사가 끊이지 않는다. 아이들이 서로에게 고마운 점을 말하고, 서로 돕고 즐겁게 노는 모습을 바라보는 부모는 행복하다. 부모가 잘 교육하고 이끌면 화목한 모습이 된다. 부모가 형제 사이를 지켜주면 충분히 가능한 일이다.

집에서 함께 공부하면 아이들 사이에 흐르는 분위기를 빨리 파악해서 좋다. 큰아이가 사춘기에 막 접어들면서 약간 까칠해졌다. 동생들과 놀기보다는 혼자 이어폰을 귀에 꽂고 있고, 자기 책을 함부로 만지지 말라고 규칙을 만들기도 하는 등 동생들과 멀어지는 모습을 보였다. 나는 그날 공부를 일찍 끝내고 가족의 시간을 갖자고 아이들에게 제안했다. 아이들은 갑작스런 이벤트를 좋아하기 때문에 모두 동의했다. 우리는 다 같이 청소를 하고 양초와 풍선으로 방을 꾸몄다. 특별한 날이므로 맛있는 피자도 시켰다.

"오늘은 서로의 좋은 점을 말해볼까?"

우리는 빙 둘러앉아 서로의 장점을 말했다. 그 시간이 끝나고 큰아들이 내게 와서 조용히 말했다.

"엄마, 동생들이 내게 불만이 많은 줄 알았는데 그게 아니었네요. 내가 요즘 까칠하게 굴었는데도 나를 좋게 생각해줘서 고맙네요."

그렇게 형제 사이에 좋은 기류가 다시 흐르기 시작했다. 이처럼 형제끼리 고마워하고 서로를 세워주는 말을 하는 것이 중요하다. 그런 시간을 정기적으로 갖는 것은 더 중요하다. 감사를 말하기 위해 감사거리를 찾게 되고, 좋은 점을 말하기 위해 서로에게 관심을 갖게 되기 때문이다. 그러면 형제 사이의 불만과 불평이 자라지 못한다.

동생의 말을 듣고 기분이 좋았는지, 그날 저녁 큰아이는 자기만의 비밀 기술 하나를 공개하겠다며 동생들 앞에서 자기 매직 책을 펼쳐 보여주었다. 동생들에게 함부로 만지지 말라고 했던 그 책이었다.

서로 돕고 사이좋게 노는 사진을 보여주라

우리 부부는 아이들이 어릴 때부터 서로 도와주는 사진을 많이 찍어놓았다. 혼자 있는 모습보다도 함께 어울리며 도와주는 사진이었다. 동생의 기저귀를 갈아주거나 목욕을 시키고 이유식을 먹이고 딸랑이를 찾고 손수건을 꺼내는 모습을 사진으로 남겼다. 동생의 몸에 손을 얹고 기도하는 사진, 동생에게 책을 읽어주는 사진, 누나가 인형놀이할 때 보조를 맞춰주는 사진도 있다. 무엇보다도 형제끼리 사이좋게 웃고 노는 모습을 많이 남겼다.

이런 사진들은 서로 사랑했던 모습을 확인시켜 주었고 두고두고 큰 도움이 되었다. 가족의 시간에 그 사진들을 자주 보여줬다. 사진을 볼 때마다 아이들은 더 좋은 사이가 되었다.

아이들이 자라면서 의견이 다르고, 서로 충돌할 수 있다. 살면서 서로 도와주고 사랑한 시간이 더 많았는데 그 사실을 가끔 잊어버리기도 한다. 그럴 때마다 서로 돕는 모습을 담은 사진을 보면 큰 도움이 된다. 아이들의 어린 시절 사진 세 장을 골라서 한 액자에 담았다. 큰아이와 작은아이가 함께 있는 모습과 둘째와 셋째가 다정하게 안고 있는 모습을 양쪽에 넣고, 가운데에는 세 명이 함께 웃는 사진을 넣었다. 그 액자를 가족이 늘 볼 수 있는 곳에 두었다. 자라는 내내 그 사진을 보며 형제우애를 잊지 않게 하려는 의도였다.

어느 날 딸이 액자를 들여다보며 말했다.

"동생이 어렸을 때 정말 나를 좋아했네요."

"그래?"

"보세요, 제 목을 꼭 껴안고 있잖아요."

딸은 남동생을 정말 좋아한다. 자기 남동생 같은 사람과 결혼하면 좋겠다고 말할 정도다. 그런데 요즘 수험생인 동생이 공부하느라 연락이 뜸해지자 조금 서운했나보다. 딸은 사진을 들여다보다가 동생한테 먼저 문자를 보냈다.

"공부는 잘 돼? 힘내."

비교하지 말라

부모가 형제 사이를 갈라놓을 수 있다. 서로 미워하고 경쟁하며 자라도록 원인을 제공하는 부모가 될 수 있다. 부모의 생각 없는 행동과 말이 형제 사이를 이간시킨다.

"형은 이렇게 하고, 누나는 너처럼 안 하는데."

"너는 왜 동생보다 못하니?"

"오빠를 보고 좀 배워라."

"네 누나를 키울 때는 힘들지 않았어…."

이런 악한 말을 절대로 입 밖에 내지 않도록 조심해야 한다. 이런 말은 형제를 경쟁 상대로 보게 만든다. 비교하는 말은 모두 형제우애를 해치는 나쁜 말이다. 나는 우리 아이들과 잠언을 읽다가 형제 사이를 이간하는 자를 하나님이 미워하신다는 사실을 알게 되었다.

여호와께서 미워하시는 것
곧 그의 마음에 싫어하시는 것이 예닐곱 가지이니
곧 교만한 눈과 거짓된 혀와 무죄한 자의 피를 흘리는 손과
악한 계교를 꾀하는 마음과 빨리 악으로 달려가는 발과
거짓을 말하는 망령된 증인과 및 형제 사이를 이간하는 자이니라
잠언 6장 16-19절

그래서 이 부분에 더 주의했다. 하나님이 형제 사이를 이간시키는 자를 특별히 미워하는 까닭은, 그들이 마땅히 받아야 할 축복마저 빼앗기 때문이다.

나는 베란다 정원에서 꽃을 가꾸고 있다. 서로 비교하는 것이 얼마나 덧없는지 꽃을 보면서 늘 배운다. 꽃들은 다 다르다. 꽃잎의 모양과 색깔이 다르고, 꽃술의 모양도 다르며, 씨 맺는 모습도 다르다. 향기를 토하는 꽃도 있고, 향기 없는 꽃도 있다. 크고 화려한 꽃도 있고, 작고 수수한 꽃도 있다.

해를 따라 피는 꽃도 있고 달을 보며 피는 꽃도 있다. 봄에 피는 꽃도 있고, 겨울에 피는 꽃도 있다. 물을 좋아하는 꽃도 있고, 싫어하는 꽃도 있다. 벌레를 끌어들이는 꽃도 있고, 벌레를 물리치는 꽃도 있

다. 머리를 들고 피는 꽃도 있고, 고개를 숙여 피는 꽃도 있다. 꽃들의 다름을 나열하자면 끝이 없다. 공통점은 모두 꽃이라는 것이다.

꽃을 가꾸는 나에게는 모두 소중하고 하나같이 예쁘다. 그래서 절대 꽃들을 비교하지 않는다. 꽃들에게 무리한 요구를 하지 않는다. 달맞이꽃한테 해바라기가 되라고 하지 않는다. 제라늄한테 야래향의 향기를 요구하지 않는다. 씨클라멘에게 봉숭아를 따라 한여름에 피라고 재촉하지 않는다. 팬지에게 장미를 닮으라고 말하지 않는다.

꽃들도 이렇게 다른데 하물며 사람은 얼마나 더 다르겠는가. 나는 우리 아이들이 서로 달라서 좋다고 가르쳤다. 우리는 모두 하나님 앞에서 자기 자신이 되기 위해 태어났다고 말했다. 다른 누가 아닌 자기 자신이 되라고 가르쳤다. 자신의 빛깔과 모양을 사랑하고 자신의 기질과 속성을 좋아하게 하려 애썼다. 자신만이 뿜어낼 수 있는 향기를 품게 하기 위해 아이들의 기질을 인정하고 존중했다.

아이들은 자신이 부모에게 인정받고 자랄 때 형제를 도울 힘이 생긴다. 부모에게 자신이 특별한 존재임을 인정받을 때, 형제간에 양보하고 서로를 배려하는 마음이 저절로 일어난다. 내가 집에서 형제우애를 중요하게 가르친 또 한 가지 이유는, 우리 아이들이 밖에 나가서 자신의 친구를 귀히 여기며 이웃과 더불어 살 줄 아는 건강한 사람이 되기를 원해서다. 나는 아이들을 비교하지 않고 각자를 존중하며 특별히 사랑했다.

"엄마는 누구를 제일 사랑해요?"

"엄마는 너를 제일 사랑해."

막내는 '그럼 그렇지' 하는 표정으로 누나에게 달려갔다. 딸이 부리나케 내게로 와서 말했다.

"엄마가 어제 나를 제일 사랑한다고 했잖아요."

"맞아, 엄마는 우리 딸을 제일 사랑하지."

두 아이 모두 나를 쳐다보았다.

"엄마는 너희 세 명을 똑같이 제일 사랑해. 엄마가 되면 모두를 똑같이 제일 사랑하는 기술을 갖게 되거든."

동생들의 이야기를 듣다가 큰아들이 대화에 참여했다.

"나는 지금도 알 것 같아요."

"형은 부모가 되려면 아직도 멀었는데 어떻게 알아?"

"하나님도 그렇게 우리를 사랑하시잖아. 우리 모두를 똑같이 사랑하면서 동시에 한 명 한 명을 특별하게 사랑하시잖아. 그렇죠?"

나는 사랑의 신비를 깨달은 큰아들이 자랑스러워 머리를 쓰다듬어주었다. 아이들의 외모, 성별, 기질, 성향 또는 태어난 순서 때문에 부모의 사랑을 많이 받고 적게 받는 것이 결정된다면 옳지 않다. 자녀가 스스로 할 수 없는 것을 기준 삼아 더 예뻐하고 더 많이 주고 또는 더 싫어하고 더 귀찮아하며 더 멀리한다면 편애다. 편애는 형제 우애를 해치는 가장 큰 원인이 된다.

요셉은 노년에 얻은 아들이므로
이스라엘이 여러 아들들보다 그를 더 사랑하므로

그를 위하여 채색옷을 지었더니

창세기 37장 3절

야곱은 요셉을 사랑했다. 야곱이 요셉을 사랑함은 지극히 당연한 일이다. 요셉이 그의 아들이기 때문이다. 만약 요셉의 행동과 노력 때문에 그 형들보다 그를 더 사랑했다면 당연한 일이다. 그러나 요셉이 라헬의 아들이었다는 이유로, 또 노년에 얻은 아들이라는 이유로 아버지 야곱이 그를 더 사랑했다는 데 문제가 있다. 그 형들이 아버지한테 더 사랑받지 못한 이유가 라헬의 자식이 아니어서, 또 아버지가 젊었을 때 태어나서라면 말이 되는가. 이는 불공평한 일이다.

아버지 야곱의 불공평한 사랑은 다른 자식들 가슴에 상처를 냈다. 그들의 지속된 상처는 마음에 분노로 쌓였다. 형들의 가슴에 쌓인 분노가 미움으로 치달아 마침내 동생을 노예로 팔아버리는 행위로 분출했다. 아버지 야곱의 편애는 결국 자기가 가장 사랑한 아들을 잃고 가슴을 쥐어뜯으며 살아야 하는 결과를 낳았다. 정말이지 야곱의 편애가 나쁜 이유는, 우애 있고 성실하게 살아갈 수 있었던 열 명의 아들까지도 동생을 팔아넘긴 범죄자로 살게 했다는 데 있다.

아이들에게 연합의 복을 가르치라

나는 우리 아이들에게 시편 133편을 자주 가르쳐주었다. 묵상하면서 하나님이 영생의 복을 명하실 만큼 형제우애가 중요함을 스스로 깨닫도록 했다.

보라 형제가 연합하여 동거함이

어찌 그리 선하고 아름다운고

머리에 있는 보배로운 기름이 수염 곧 아론의 수염에 흘러서

그의 옷깃까지 내림 같고

헐몬의 이슬이 시온의 산들에 내림 같도다

거기서 여호와께서 복을 명령하셨나니 곧 영생이로다

시편 133편 1-3절

이스라엘 북쪽에 우뚝 선 헐몬산에 이슬이 내린다. 밤새도록 내려서 그 이슬이 높은 산봉우리를 적신다. 큰 산 등허리에 촉촉이 스며든다. 땅속으로 스며들고 또 스며들어 이슬은 샘이 되고 산 아래 계곡에서 물이 되어 흐른다. 그 물은 큰 폭포를 만들고 깊은 호수도 만든다. 그 물은 여러 강줄기를 이루어 아래로 흘러내려 마침내 남쪽 시온의 산에 이른다. 시온산은 그 물을 빨아들여서 꽃을 피우고 열매를 맺는다. 물이 없어 메말랐던 시온산은 살아난다. 시온산 근처의 들에도 생명의 역사가 일어난다. 헐몬의 이슬이 내리고 흘러서 물이 되어 멀리 있는 시온의 산과 들을 살려낸다.

이슬방울이 모여서 멀리 떨어져 있는 메마른 산을 살려주듯, 형제간에 서로 도와주어야 한다. 헐몬의 이슬이 시온의 산을 축복하듯, 형제간에 서로 축복이 되어야 한다.

하나님이 명하신 영생의 축복이 모든 가정의 자녀들에게 임하는 모습도 그려본다. 형제가 우애 있게 살면 영원한 생명의 복을 하나님

께 받는다. 그리고 이 복이 대를 이어 다음 세대로 흘러간다. 그만큼 형제들이 서로 사랑하면서 사는 일이 중요하다. 형제우애는 동생이 생기면서 배운다. 동생은 축복의 선물이다. 그러나 어린아이는 이 사실을 스스로 깨닫지 못한다. 오직 부모가 지혜롭게 가르쳐줄 때 비로소 알게 된다.

"와, 권사님이다."

"우리 아기 왔구나."

예배당 입구에서 안내하는 권사님이 보이자 막내가 반갑게 뛰어 갔다. 마치 친할머니처럼 막내를 예뻐하는 교회 권사님이시다. 막내 아들도 유난히 그 권사님을 잘 따른다. 권사님이 가방을 뒤지시더니 껌 하나를 아들에게 주었다. 만날 때마다 뭐라도 주려고 하시는데, 그날따라 껌 하나밖에 없었나보다.

자기를 예뻐하는 권사님에게 껌을 선물받고 아들은 행복해했다. 예배드리는 내내 껌을 들고 있었다. 예배가 끝나갈 무렵 '하나, 둘, 셋' 또박또박 세면서 정확히 삼등분하더니 의자 위에 가지런히 올려 놓았다. 한참 들여다보고, 만져보고, 위치를 바꾸면서도 입에 넣지 않았다. 나는 어른들의 예배가 지루해서 껌을 가지고 노는 줄 알았다. 예배가 끝나자 아들은 껌 한 조각의 껍질을 벗기더니 자기 입에 넣었다. 남은 두 조각은 양손에 하나씩 나눠쥐고 있다가 주일학교 예배를 마치고 나온 형과 누나에게 내밀었다.

"자, 선물이야. 형 하나, 누나 하나."

나는 시편 133편처럼 우리 아이들이 연합하여 동거하는 모습을 그려본다. 오손도손 사이좋게 살아가는 형제들의 모습은 생각만 해도 기분 좋고 유쾌하다. 머리에 있는 기름이 옷깃까지 흘러가듯 형제 사랑이 자연스럽게 흘러가야 한다. 아들딸이 서로 싸우지 않고 먼저 양보하고 배려하고, 함께 즐겁게 놀고, 서로 아껴주고 도와주는 모습을 본다면, 부모로서 얼마나 행복하겠는가.

영적훈련, 하나님과의 친밀함

사람들 사이의 관계보다 하나님과 올바른 관계를 맺는 훈련이 더 중요하다. 물론 사람과도 잘 지내고 하나님과도 친밀하다면 더할 나위 없이 좋다. 온전한 사람이다. 그렇지만 둘 중에 하나를 선택해야만 하는 상황이라면 당연히 하나님과의 친밀한 삶을 먼저 선택해야 한다.

네 마음을 다하며 목숨을 다하며
힘을 다하며 뜻을 다하여 주 너의 하나님을 사랑하고
또한 네 이웃을 네 자신같이 사랑하라 하였나이다
예수께서 이르시되 네 대답이 옳도다
이를 행하라 그러면 살리라
누가복음 10장 27,28절

하나님의 말씀이 최우선순위

큰아이가 학교에 다니다보니 말씀을 배울 시간이 턱없이 부족했다. 몸을 위해 밥을 먹는 것처럼 영혼의 양식을 먹을 시간도 필요한데, 이 일을 어찌할 줄 몰라 1년 동안 고민하고 기도하던 나는 한 가지를 깨달았다.

'하나님이 자녀를 누구에게 맡겼는가.'

하나님은 자녀를 국가나 학교에 맡기기 이전에 부모에게 맡기지 않으셨는가. 나는 자녀양육이 나의 사명임을 깨달았다. 하나님이 맡겨주신 자녀는 마땅히 그분의 말씀으로 양육해야 한다는 명백한 이유로 홈스쿨을 시작했다. 사람이 하나님의 말씀을 먹는 것은 나무가 물을 빨아들이는 것처럼 중요하다. 말씀을 자녀에게 가르치고 묵상하게 하는 것은 자녀를 시냇가에 심는 것과 같다.

그는 시냇가에 심은 나무가 철을 따라 열매를 맺으며
그 잎사귀가 마르지 아니함 같으니
그가 하는 모든 일이 다 형통하리로다
시편 1편 3절

시냇가에 심겨진 나무는 철을 따라 열매를 맺고 그 잎사귀는 마르지 않는다. 그는 주님의 말씀을 따라 성장하기 때문에 의인의 삶을 산다. 마찬가지로 말씀을 가르치는 것은 자녀를 하나님의 집에 심는 것과 같다.

이는 여호와의 집에 심겼음이여

우리 하나님의 뜰 안에서 번성하리로다

시편 92편 13절

　말씀은 하나님의 생명이다. 그분의 말씀을 자녀의 마음 안에 심으면 자녀는 그분 안에서 산다. 하나님의 뜰 안에서 자란다. 거기서 종려나무같이 번성하며 레바논의 백향목처럼 쭉쭉 성장한다. 이처럼 어려서부터 말씀을 공급받고 자라는 자녀는 늙어도 여전히 결실하며 진액이 풍족하고 빛이 청청하게 살게 된다.

　이 말씀을 의지하여 나는 오전 시간은 대부분 성경으로 수업했다. 날마다 90분 정도 성경을 읽고 묵상하고 나누면서 기도하는 시간을 가졌다. 국어 교과서로 성경을 택했다. 읽고 내용을 요약하고 발표하고 질문하고 답하고 토론했다. 성경에서 국어 낱말의 뜻을 익히기 위해 받아쓰기 하고 짧은 글짓기도 했다. 아이들은 성경을 재미있어했다. 저녁에는 잠언을 읽고 나누었다. 10년 동안 거의 매일 읽고 나누다보니 아이들은 잠언을 친구 대하듯 했다.

　나는 사람이 무엇을 하든지 즐거워야 한다는 생각을 가지고 있다. 그래서 말씀을 공부하는 것은 즐겁다는 인식을 심어주려고 성경 내용으로 연극도 하고 놀이도 만들었다. 틈나는 대로 아이들과 가족의 시간을 갖고 게임을 하고 놀았다. 홈스쿨의 장점을 살려 언제든 자유롭게 아이들과 여행을 떠났다. 한국의 여러 도시를 함께 갔고, 선교지를 방문하면서 즐거운 추억을 많이 만들었다.

공부는 언제 하냐고 누가 물으면 나는 일관되게 대답했다.

"어린 시절의 모든 경험이 다 공부지요."

신발 정리도 공부고, 밀가루 반죽을 가지고 노는 것도 공부고, 놀이와 여행은 두말할 것도 없이 중요한 공부다. 그래서 우리 아이들은 행복해했고, 친구들의 부러움을 사곤 했다. 그러나 아주 가끔 나는 불안감을 느끼기도 했다. 교육열에 불타는 바깥세상을 보고 흔들리기도 했다. 그럴 때면 나는 자주 물었다.

'나와 아이들이 정말 잘하고 있는 걸까? 이것이 최선인가?'

나는 더 하나님 앞에 나가서 기도했다. 그러면 하나님이 수업 방법과 내용까지 가르쳐주시면서 부족한 부분을 알려주셨다.

다시 기쁘게 아이들을 가르치다가 때로는 선행 학습으로, 때로는 해외 유학으로 앞서가는 지인들의 자녀들을 볼 때면 '자녀에게 아무것도 가르칠 수 없는 환경일지라도 반드시 말씀은 가르쳐야 한다. 또 자녀가 세상의 지식을 아무것도 배우지 않을지라도 성경 말씀은 배워야 한다'는 나의 굳은 신념도 아주 가끔 흔들렸다.

그럴 때 나는 더 하나님 앞에 나갈 수밖에 없어서 오래 앉아 그분 얼굴의 빛을 구했다. 그때마다 하나님은 신실하셔서 결코 외면하지 않으시고 약속의 말씀을 주셨다.

나는 목마른 자에게 물을 주며

마른 땅에 시내가 흐르게 하며

나의 영을 네 자손에게,

나의 복을 네 후손에게 부어주리니

그들이 풀 가운데에서 솟아나기를

시냇가의 버들같이 할 것이라

이사야 44장 3,4절

나는 이 약속의 말씀을 가슴에 새기고 입으로 선포하고 기도할 때마다 이루어주시길 간구했다. 하나님과 기도로 교제하며 말씀으로 자녀를 키우면서 불안을 떨쳐냈다. 아이들에 대한 염려가 생기면 기도로 전환했다. 약속의 말씀을 되새겼다. 또한 지금까지 자녀들을 돌보고 지키시고 최선의 길로 인도하셨던 하나님을 경험했으므로 자녀들의 앞날을 걱정하지 않을 만큼 나는 강해졌다. 자녀들이 부모의 욕심이나 세상적 성공이 아닌 주의 부르심을 따라 산다고 하면 더 기쁘게 지지하고 후원할 만큼 강한 엄마가 되었다.

그렇게 하나님을 의지하는 믿음과 더불어 자녀들의 장래에 대한 소망을 키웠다. 말씀을 먹고 자란 자녀들은 성령으로 충만했고 하나님이 주신 복으로 시냇가의 버들같이 잘 자랐다.

가족과 함께하는 영성훈련

영성훈련을 효과적으로 하는 좋은 방법은 성경 묵상을 가족이 함께 나누는 것이다. 각자 묵상하고 그것을 나누게 하였더니 아이들의 성경 묵상 훈련도 되고, 아이들과 대화하는 시간도 되어서 더욱 좋았다. 아이들은 부모와 함께 보내는 모든 시간을 좋아한다. 더구나 부모에게 배우는 시간은 무엇으로도 바꿀 수 없는 귀한 경험이 된다. 영적 성장의 기초가 되는 말씀 묵상을 나누는 시간은 나와 우리 아이들에게 매우 특별했다.

같은 시간에 함께 묵상하지는 않았어도, 그 내용을 나누는 시간을 중요하게 여겼다. 내가 먼저 본을 보이려고 노력했다. 그러면 아이들이 듣고, 자기의 묵상을 나눈다. 성경 묵상을 나누다보니 자연스럽게 아이들에게 말씀하시는 하나님을 알게 되었다. 나름대로 적당한 방법으로 하나님을 알아가고 있었다.

그러면서 아이들의 생각을 알게 되고, 고민도 알게 되었다. 그만큼 아이들을 더 이해하게 되었다. 아마 우리 아이들도 비슷하지 않았을까. 엄마의 생각과 고민을 자연스럽게 알게 되었을 것이다.

아이들이 아주 어렸을 때부터 나는 그날 묵상한 말씀과 함께 어떻게 그 말씀들을 적용했는지 들려주었다. 아기 새들이 먹이를 물고 온 어미 새를 반기듯 내 입을 주시하던 아이들의 초롱초롱한 눈빛이 기억난다.

나는 아이들과 함께 묵상을 나누다가 성경을 가르치는 설교자와 강사가 되었다. 밖에서 설교하거나 강의하기 전에 아이들에게 먼저 가르쳤다. 또 아이들에게 조언도 구하고 세 명의 청중을 앞에 두고 연습도 많이 했다.

하나님이 자녀를 부모에게 맡기셨다. 자녀로 하여금 그분을 알도록 이끄는 사람은 부모다. 부모는 자녀를 하나님께로 갈 수 있도록 길을 여는 사람이다. 말씀 묵상을 통해 자녀가 하나님을 개인적으로 만나고, 그분과 직접 대면하며 사는 법을 배워간다면, 그들은 자신의 삶에 열매를 맺는 기쁨을 맛본다. 그것은 자녀의 삶에 환한 불이 켜지는 것과 같다. 묵상을 통해 주님과 동행하는 법을 배우게 하라.

하나님, 과일 주세요

아이들은 일상생활의 작은 기도를 응답받으면서 하나님의 살아 계심을 직접 체험했다. 내가 기도를 본격적으로 가르치기 전에 아이들이 먼저 기도를 시작했다. 우리 부부가 강화도에서 선교사 훈련학교를 진행하고 있을 때였다.

하루는 아들이 갑자기 과일이 먹고 싶다고 했다. 사실 둘째를 임신한 상태였던 나도 과일이 먹고 싶었다. 강화도 산속에 있는 수양관에서 우리 가족은 방 하나를 사용하고 있었다. 방에는 과일이 없었고, 한밤중에 과일을 사러 갈 수도 없었다. 주말인데 다른 간사들에게 부탁하기도 미안했다. 세 살 아들이 스스로 해결해야겠다고 생각했는지, 이불 위에서 무릎을 꿇고 기도했다.

"하나님, 과일이 먹고 싶어요."

그러고는 잠이 들었다. 이튿날 아침에 내가 문을 열고 나가려는데 방문이 열리지 않았다. 억지로 밀어보니, 커다란 과일 바구니가 문을 가로막고 있었다. 바구니에 사과, 바나나, 감, 귤 등이 가득 들어 있었다. 나는 너무나 놀랍고 기뻐서 아들을 깨웠다. 졸린 눈을 비비던 아들은 당연하다는 듯이 말했다.

"하나님, 과일을 주셔서 감사합니다."

어떻게 과일 바구니가 우리 방문 앞에 있게 되었는지 내막을 알게 되었다. 선교사훈련학교의 간사 한 분이 늦은 밤에 강사 방의 냉장고를 정리했다. 지난 주에 강사로 오셨던 분이 과일을 먹지 않고 떠났는데, 그걸 모르고 새로운 과일을 사 온 것이다. 냉장고는 너무 작은데 과일이 충분히 넘쳐서 고민하던 중에 갑자기 우리 가정이 생각났다고 했다. 나중에 시간을 확인해보니 정확하게 아들이 기도한 시간이었다. 어린 아들은 기도 응답으로 과일 바구니를 받은 경험을 하면서 하나님과 더 친밀해졌다. 이 기도에 대한 응답이 아이가 살아가는 동안 큰 힘이 되었다.

딸의 기도응답, 꽃무늬 원피스

딸은 예쁜 옷을 좋아했다. 오빠가 유치원에 갈 때마다 따라다니던 딸이 어느 날 조심스럽게 나에게 말했다.

"엄마, 저기 저 꽃 치마….."

"어떡하니. 엄마가 돈이 없는데….."

내가 보기에도 가게 안에 걸려 있는 꽃무늬 원피스는 앙증맞고 예뻤다. 사주지 못해서 나는 미안했다. 그런데 딸은 엄마한테 떼쓰지 않고 하나님께 기도했다.

"하나님, 저 예쁜 옷을 입고 싶어요."

다음 날도 그다음 날도 똑같은 자리에 가서 기도했다. 두 달이 되었는데도 그 옷은 팔리지 않고 그대로 있었다. 그즈음 우리 집에 오신 친정어머니가 아이에게 말했다.

"우리 손녀가 많이 컸구나. 할머니가 예쁜 옷을 사주려고 왔어. 어디로 갈까?"

딸은 여름 내내 그 옷만 입었다. 두 달 동안 기도한 응답의 결과로 할머니가 사준 옷이라며 뿌듯해했다.

아이들은 자기의 필요를 구하면서 기도를 배웠다. 이런 의미에서 조금 부족하고 돈이 없어도 감사한 일이다. 어떤 형편에 있든지 부모는 자녀로 하여금 기도하도록 이끌 수 있다. 부모의 역할은 자녀를 하나님께로 가까이 가게 하는 통로인데, 그 방법은 아주 작은 일에서부터 그분을 초청하도록 훈련하는 것이다. 그렇게 일상의 필요를 위해 기도하다보면 기도 내용이 점점 발전한다.

막내아들의 광선검 체험

막내아들은 옷이나 음식을 위해 기도하지 않았다. 아무 옷이나 잘 입고 엄마가 주는 음식은 무엇이든지 잘 먹었다. 입고 먹는 것에 큰 관심이 없었다. 그런데 잃어버린 물건을 찾아달라고 하나님께 기도하는 일이 많았다. 그날도 나무 막대기를 휘두르며 놀았다. 막내에게 나무 막대기는 은하계를 지키는 중요한 광선검이었다. 저녁 식사 시간이 되어 밥을 먹으라고 아이를 불렀다. 막내의 혼잣말 소리가 온 집안에 울려퍼졌다.

"자, 나는 곧 다시 올 거야. 너는 이곳을 점령할 수 없어."

그러다가 광선검을 잃어버렸다. 잠을 잘 시간이 다 되었는데도 칼이 보이지 않는다며 온 집안을 뒤졌다. 누나도 함께 찾았지만 '은하계를 지킨다는 칼'은 보이지 않았다. 나는 그만 자라고 말했다. 한 번만 더 찾아보겠다며 막내는 형 방으로 들어갔다가 한참 후에 풀이 죽은 모습으로 나왔다.

"왜 그렇게 힘이 없니?"

"형아 방에서 광선검이 어디 있는지 알려달라고 하나님께 기도하고 왔어요."

"하나님이 뭐라고 하셨는데?"

"하나님이 가서 자라고 하셨어요…."

"그랬구나. 그럼 자고 일어나서 내일 찾아보자."

"네. 엄마 아빠 안녕히 주무세요."

칼을 찾지 못해서 아쉬워하면서 아들은 하나님의 말씀에 순종하려고 잠을 자러 방으로 들어갔다.

"와! 광선검을 찾았어요."

그 칼은 이불 속에 있었다.

막내는 그 후에도 레고 조각이 없으면 늘 하나님께 묻고 기도로 찾았다. 청소년 순결 반지를 축구하다가 잃어버린 날에도 그 넓은 축구장에서 기도로 찾았다. 일상생활의 사소한 일로 기도하던 아이들이 점점 성장했다. 막내아들은 제주 열방대학 식당에 있는 세계지도를 앞에 두고 날마다 열방의 부흥과 복음 전파를 위해 기도하고 있다. 우리 아이들은 기도하면서 하나님과의 친밀함을 배웠다.

하나님이 우리를 돌보는 세상, 하나님이 들어와서 일하는 세상, 하나님이 살아서 다스리는 세상, 그런 나라를 구할 수 있다. 하나님의 임재를 개인적으로 경험하는 기도의 기회를 주어서 살아 계신 하나님을 만나게 해야 한다.

사회성과 하나님과의 친밀함. 이 둘은 하나님나라 군사가 배워야 할 필수과목이다. 사람들과 어울리고 하나님과 동행하는 훈련을 받으면 군사로서 승리하는 삶을 살 수 있다. 가정은 하나님의 군사로 자녀를 훈련시키는 귀한 훈련소이다.

하나님은
부모를
사랑하신다

"여호와께서 집을 세우지 아니하시면 세우는 자의 수고가 헛되며
여호와께서 성을 지키지 아니하시면 파수꾼의 깨어 있음이 헛되도다
너희가 일찍이 일어나고 늦게 누우며 수고의 떡을 먹음이 헛되도다
그러므로 여호와께서 그의 사랑하시는 자에게는 잠을 주시는도다
(시 127:1,2)."

chapter

10

—

하나님이 가정을
세우고 지키신다

나는 시편 127편을 세 부분으로 나누었다. 전반부(1, 2절)는 부모, 후반부(3, 4절)는 자녀, 마지막 한 절은 승리하는 가정으로 이해했다. 지금까지 자녀에 관한 내용을 먼저 다루었는데, 이제 부모에 대해 나누고자 한다.

자녀는 선물과 상과 군사로 자라야 한다. 이것이 그들의 사명이기 때문이다. 그러나 아이 스스로 자라지는 못한다. 자녀를 선물과 상과 군사로 양육해야 하는 것이 부모의 역할이다. 그래서 부모라는 이름을 가진 것이다.

그러나 부모는 완전하지가 않다. 부모가 되는 법을 학교에서 배운 적도 없고 또 배운다고 잘되는 것도 아니다. 왜냐하면 부모라는 것이 이론으로 되는 것이 아니고 부딪혀서 알아가게 되기 때문이다.

그렇다고 몇 번의 경험으로 완전히 습득할 수 있는 공식이 있는 것도 아니다. 따라서 부모 역할을 다하기란 참으로 어렵다. 부모는 부족한 존재다.

따라서 부모에게도 늘 부모가 필요하다. 온전하고 완전한 도움이신 하나님 아버지가 꼭 필요하다. 인간의 이론과 수고만으로는 결코 부모의 역할을 다할 수 없다. 성경은 이렇게 말하고 있다.

여호와께서 집을 세우지 아니하시면
세우는 자의 수고가 헛되며
여호와께서 성을 지키지 아니하시면
파수꾼의 깨어 있음이 헛되도다
시편 127편 1절

부모는 기도해야 한다. 기도로 자녀를 양육해야 한다. 기도하고 듣고 성경에서 원리를 찾고 따르고, 또 기도하고 듣고 적용하며 자녀를 키워야 한다.

하나님은 어떤 가정을 지켜주시는가

하나님은 자신의 가정을 돌봐달라고 요청하는 가정을 지켜주신다. 가정의 문을 열 수 있는 권위자는 부모다. 부모가 하나님께 기도로 문을 열 때 하나님은 들어오셔서 가정의 주인이 되어주신다.

첫아이가 태어나서 한 달이 되었을 무렵에 낮밤이 바뀌었다. 한밤 중에도 아이가 깨어 있으니 엄마인 나는 잠을 잘 수가 없었다. 아이가 자는 낮 시간에 나도 함께 자면 되지만, 산더미같이 쌓이는 일은 어쩔 것인가. 낮에 일하고 밤에는 아기를 돌보느라 잠을 못자는 날들이 계속 이어지다보니, 나까지 비몽사몽 밤낮을 분간하지 못하고 헤매게 되었다.

지친 마음으로 친정어머니께 전화했다. 특별한 비결을 기대한 것은 아니지만, 그래도 6남매를 키운 엄마의 경험을 듣고 싶었다. 어머니는 쉽고 분명하게 가르쳐주셨다.

"힘든 일은 기도로 해결해라! 기도하는 엄마가 좋은 엄마다."

아이가 낮밤이 바뀐 것을 기도로 해결해야 한다니 나는 당황스러웠다. 그런데 친정엄마와 통화한 이후 어느 날인가 아들의 바뀐 낮밤이 제대로 돌아왔다. 이제는 괜찮아졌다고 어머니께 연락했더니, 놀라운 말씀을 하셨다.

"네 전화를 받고 그날부터 작정하고 기도했는데, 좋아졌다니 감사하구나."

나는 그때 자녀를 위한 기도를 처음 배웠다. 열방을 다스리시는 하나님은 우리 아이도 돌보시며, 창조주이신 하나님이 우리 가정도 세워주신다는 믿음을 갖게 되었다. 그 이후에 아이가 아프면 무조건 병원에 달려가기보다는 먼저 기도했다.

자녀가 아플 때 엄마가 늙는다는 말은 사실이다. 아이가 아플 때면 대신 아파줄 수 없다는 사실 때문에 엄마들은 몸살을 앓는다. 그리고 전심으로 하나님을 찾게 된다. 나도 마찬가지다. 아이들이 아플 때 가장 간절히 기도했다. 기도의 응답은 여러 가지 방법으로 왔다. 기도했더니 당장 열이 내려간 적도 있고, 응급실로 바로 달려가서 치료받으라는 마음을 받은 적도 있다. 때로는 그다음 날 여유 있는 시간에 병원에 가도 된다는 마음을 주시기도 하셨고, 어떤 경우는 집에서 쉬면 된다는 응답을 주시기도 하셨다. 하나님은 상황을 알고 계시기 때문에 가장 최선의 방법으로 인도하셨다. 자녀를 키우면서 좋으신 하나님을 참 많이 경험했다. 기도로 하나님의 응답을 경험하지 못했다면 나는 엄마의 역할을 잘하지 못했을 것이다.

아빠와 엄마의 기도와 축복이 둘 다 중요하지만 나는 엄마의 기도를 나누고자 한다. '여자는 약해도 엄마는 강하다'라고들 한다. 그러나 엄마들은 안다. 자신이 그처럼 강하지 않다는 것을…. 엄마는 생각보다 강하지 못하다. 아이를 모든 어려움과 위험으로부터 다 보호해주지는 못한다. 언제 어디서든 전부 따라다니며 지켜주지는 못한다. 엄마는 완벽하지 않다. 항상 여유 있는 미소와 완벽한 지혜와 분명한 판단력으로 아이를 양육하기에는 턱없이 부족하다. 엄마가 모든 것을 다 아는 것이 아니며 엄마가 아이의 영혼육의 모든 필요를 다 채워줄 수 있는 능력의 소유자는 더더욱 아니다.

엄마들은 사실 약하다. 아이에게 달려드는 불독과 맞서 싸울 수는 있어도, 아이를 상처 주는 집단 따돌림을 막지 못한다. 엄마들은 부족한 점도 많다. 맛있는 밥을 해주기 위해 정성을 쏟을 수 있지만, 아이가 밤을 새워 고심하는 문제를 대신 풀어줄 수는 없다. 어린아이의 소소한 질문에는 대답할 수 있지만, 큰아이의 심오한 질문에는 말문이 막힌다. 때로 엄마들은 무기력하다. 집에서 아이를 씻어주고 재워줄 수는 있지만, 밖에서 달라붙는 온갖 더러운 것과 위험한 것들로부터 아이를 다 지켜주지는 못한다.

엄마들은 자신의 무능력함에 가끔 가슴만 쥐어뜯을 때도 있다. 자녀를 위해 몸이 부서져라 일을 해서 돈을 벌 수는 있지만, 학교 폭력과 부조리한 처벌을 받은 아이를 위해 아무 힘도 쓸 수 없을 때가 있다. 엄마들은 가끔 어리석은 행동을 하기도 한다. 아이가 문제가 있다는 교사에게 대들어서 아이 편이 되어주기도 하지만, 적절하고 객관적인 시각을 아이에게 깨우쳐주지 못하기도 한다.

어떤 엄마는 자신이 바보라고 말한다. 아이를 사랑한다고 백번은 더 말하면서도, 아이가 함께 있어 달라고 요청할 때 그 속뜻은 헤아리지 못했다는 것이다. 엄마들은 자주 울보가 되기도 한다. 태어날 아기를 맞이할 기쁨으로 가슴 설레다가도, 막상 극심한 산통이 닥치면 죽을 듯이 소리치며 울고 만다. 태어난 아기를 안고 온갖 시름을 잊다가도, 쌕쌕거리는 거친 신생아의 숨소리에 금방 불안해하며 가슴을 졸인다. 아이가 아프면 대신 아파주지 못해서 울고, 아이가 고통스러워하면 아이를 태어나게 해서 고통만 준 것 같아 미안해서 운다.

아이가 거친 세상을 뚫고 가느라 힘들어하면 마음이 아파서 눈물을 흘리고, 아이가 잘못하면 훈계하다가 울음을 터트린다. 아이의 필요를 다 채워주지 못하면 안쓰러워서 울고, 아이가 외로워하면 그

외로움을 껴안고 몰래 눈물을 훔친다. 엄마들은 또 늘 아쉽다. 아이와 더 놀아주지 못해 아쉽고, 아이를 더 안아주지 못해 아쉽고, 아이에게 더 잘해주지 못해 아쉽다.

그래서 엄마는 힘과 도움이 필요하다. 능력이 필요하고 지혜가 필요하다. 위로가 필요하고 소망이 필요하다. 엄마에게는 엄마보다 더 완전한 분이 반드시 필요하다. 그래서 엄마는 기도한다. 엄마가 강하다는 말이 맞다면, 그것은 분명 기도하는 엄마이기 때문이다. 엄마는 약하지만 기도하는 엄마는 강하다. 엄마가 기도할 때 하나님이 일하시고, 도와주시기 때문이다.

나는 15년 동안 예수제자훈련학교와 교회에서 중보기도를 강의하고 있다. 아이들을 양육하면서 경험한 기도의 응답들이 내 강의의 기반이 되었다. 가족을 위한 기도를 응답받으면서 기도를 배웠고, 그럴수록 더 많은 시간을 기도하게 되었다. 기도할 수 있었기 때문에 두려움 없이 엄마 역할을 잘할 수 있었다.

때때로 나를 둘러싼 현실이 두렵고 무서워 보일 때마다 살아 계신 하나님께 피할 수 있어서 감사했다. 하나님의 도움을 받지 않고 내 경험과 판단만으로 아이를 키울 수 없었다. 세상의 정보와 지식이 필요할 때도 있지만, 가정을 세우는 데 그것만으로는 충분하지 않다. 하나님이 도와주셔야 가정이 튼튼하게 세워진다.

구하라 그리하면 너희에게 주실 것이요
찾으라 그리하면 찾아낼 것이요

문을 두드리라 그리하면 너희에게 열릴 것이니
구하는 이마다 받을 것이요
찾는 이는 찾아낼 것이요
두드리는 이에게는 열릴 것이니라
마태복음 7장 7,8절

나는 성경 말씀을 의지하면서 기도한다. 특히 자녀를 위해 기도할 때는 가장 기본적이고 단순한 말씀을 외치면서 하나님께 도움을 요청한다. 구하는 자에게 주신다고 약속하신 하나님을 나는 확실히 믿는다. 우리가 기도하면 하나님이 일하신다. 우리가 요청하면 하나님이 우리 가정에 찾아오셔서 지켜주신다.

너희가 기도할 때에 무엇이든지 믿고 구하는 것은
다 받으리라 하시니라
마태복음 21장 22절

아이가 아플 때, 자녀를 잘 키우고 싶을 때, 나는 믿음으로 기도했다. 또한 아이들의 정서적인 안정감도 중요한 기도제목이었다. 부모 세대가 성장한 시기와 워낙 다른 시대를 살아가는 요즘 아이들이다. 내 경험만을 의지할 수 없다.

아이들의 친구를 위해 기도하라

특히 친구 관계는 내가 쉽게 도와주지 못하지만, 아이들에게는 무엇보다도 중요한 주제다. 그래서 우리 아이들이 좋은 친구를 만나도록 정기적으로 기도했다. 또 우리 아이들도 누군가에게 좋은 친구가 되어주길 늘 기도했다.

딸이 일곱 살 때 우리 가족은 미국 콜로라도 스프링스에 살고 있었다. 그 도시에서 진행한 YWAM 국제 회의에 참석하기 위해 한국에서 사람들이 왔다. 그 모임에 아빠를 따라온 하영이는 미국에서 동갑내기 한국 아이를 만나자 무척 반가웠던 모양이다. 하영이가 용기 있게 우리 딸에게 먼저 인사를 건넸다. 그때부터 둘은 지금까지 변함없는 우정을 나누는 좋은 친구로 지낸다. 하나님은 여기저기 옮겨다니는 딸에게 친구를 달라는 엄마의 기도를 들으시고, 응답으로 하영이를 보내주셨다.

우리 가족은 지역과 나라를 옮겨다니면서 예수전도단 사역을 했다. 당연히 아이들도 친구와 만났다가 헤어지기를 반복했다. 누구나 헤어짐이 반복되면 새로운 사귐에 어려움이 생긴다. 그래서 아이들에게는 지속적으로 함께할 수 있는 친구, 공간과 시간을 뛰어넘어서도 지속적으로 우정을 나눌 수 있는 친구가 필요했다. 이러한 상황에서 나는 하나님의 도움을 절실히 구했다. 오가면서 만나더라도 하나님이 예비하시고 응답하신 친구라면, 서로 잘 알아볼 수 있도록 기도했다. 우리가 부르심을 따라 다른 곳으로 떠난다 하더라도 하나님이 최고의 방법으로 도우시리라는 것을 믿었다.

하영이 가족은 우리보다 더 많은 나라와 도시를 이동하며 선교사로 살고 있다. 우리 딸과 하영이는 서로 부모님을 따라 옮겨다녀야 하는 상황에서도 그 벽을 뛰어넘는 우정을 보여주었다. 자녀를 위한 기도를 들으시고 응답하시는 하나님은 못하실 일이 전혀 없으시다.

아이들을 위한 또 한 가지 간절한 기도는 영적 충만을 위한 기도다. 아이들이 예수님을 인격적으로 영접하고, 성령님의 은사와 열매를 누리며, 하나님과 늘 동행하는 삶을 살도록 기도했다. 세상에 나갈 때마다 하나님이 지켜주시도록, 세속에 끌려다니지 않고 빛으로 영향력을 주도록 간절히 기도했다. 선악을 분별하고 선을 택할 용기를 위해서도 항상 기도한다. 또 자신이 택한 선을 삶에서 실행할 때 어떤 대가를 치르더라도 끝까지 서 있을 수 있는 힘을 달라고 기도한다. 요즘 세상에서 이런 기도를 하지 않고 어떻게 안심하겠는가. 기도하면 마음이 평안해진다. 하나님이 그분을 의뢰하는 자의 가정을 세워주실 것을 믿는다.

엄마의 기도로 자녀를 지키라

"이제 저 혼자 학교에 갈 수 있어요. 엄마, 들어가세요."

첫아이가 초등학교에 입학하고 며칠이 지난 어느 날 아이는 내가 건널목까지 따라나서는 것을 거절했다. 저만치 멀어지는 아이의 뒷모습이 보이지 않을 때까지 자리를 뜨지 못하고 서서 나는 기도했다.

'주님, 우리 아이를 오늘도 지켜주세요.'

그렇게 기도했더니 마음이 조금 놓였다.

'이 땅에 수많은 엄마들은 무엇을 믿고 어린 아들딸을 집 밖으로 보내는 걸까?'

집에서 학교까지 가는 길에는 건널목이 두세 개나 있다. 도로 위에는 쌩쌩 달리는 차들이 있다. 집 밖에는 낯선 사람이 많고 그중에는 나쁜 사람도 섞여 있다. 나는 진심으로 하루 종일 아이를 따라다니며 지켜주고 싶었으나 그럴 수 없어서 불안했다. 기도하지 않을 수 없었다.

'하나님, 우리 아이를 지켜주세요.'

나는 강의가 끝나고 상담 시간에 아이를 지키려고 아이와 싸우는 엄마들의 이야기를 많이 듣는다. 해일처럼 밀려오는 음란과 폭력 속에 노출된 아이들, 그것에 물들어가는 청소년 문화. 엄마들은 세상이 무섭고 악한 문화가 싫으며, 그것에 물들어가는 자녀가 걱정된다. 무기력한 자신이 싫어 우울증을 앓는 엄마도 있다. 이럴 때 정신을 차리고 해야 하는 효과적인 기도가 있다. 그것은 우리 아이들에게 성령을 부어달라는 기도다.

대부분의 청소년 자녀들은 부모의 말보다 자신의 선택을 더 신뢰한다. 그것이 좋은 것이든 나쁜 것이든 스스로 결정한 것이 더 중요하다. 이제 부모의 한두 마디 말로 자기의 의지를 꺾는 나이는 아니다. 그러므로 자녀의 의지가 쉽게 굴복당하지 않는다고 화를 내거나 좌절하지 말라. 대신 성령을 부어달라고 기도하라. 성령은 엄마의 간구를 듣고 일하기 시작한다. 잘못 형성된 가치관을 깨시고 잘못된 생각을 고치실 수 있다.

> 우리의 싸우는 무기는 육신에 속한 것이 아니요
> 오직 어떤 견고한 진도 무너뜨리는 하나님의 능력이라
> 모든 이론을 무너뜨리며
> 하나님 아는 것을 대적하여 높아진 것을 다 무너뜨리고
> 모든 생각을 사로잡아 그리스도에게 복종하게 하니
>
> 고린도후서 10장 4,5절

잘못된 이론으로 형성된 아이의 견고한 진을 깨는 무기는 엄마의 말이 아니다. 그 무기는 하나님의 능력이다. 즉 강력한 성령의 힘이다. 그래서 엄마는 위기와 위험에 처한 자녀를 위해 기도하되 성령을 부어달라고 해야 한다. 성령이 자녀의 의지와 감정을 다스리고 잘못 형성된 가치를 깨면 아이는 스스로 자신을 하나님의 뜻에 굴복하게 된다. 자녀가 스스로 복종하는 것이 가장 중요하다. 성령은 엄마의 기도를 통해 그 일을 하신다.

'아버지 성령을 부어주소서. 우리 아이의 의지와 감정을 다스리소서. 왕으로 오셔서 다스리소서.'

밤낮 부르짖고 금식하며 간구하고 시간을 정해 기도하고 하루 종일 하나님의 얼굴을 구하라. 하나님은 구하는 자에게 성령을 부어주신다. 이제 성령이 자녀 안에 거하셔서 우리의 자녀를 바른 길, 의의 길, 안전한 길로 이끄신다. 다 큰 자녀를 따라다니며 지킬 수 없는 엄

마는 기도로 자녀를 지킨다. 우리의 자녀를 위협하는 것들이 외부에만 있는 것이 아니라 아이의 내부에 도사리고 있는데, 오직 성령만이 그것을 쫓아낼 수 있음을 기억해야 한다. 이제 자녀를 구하려고 자녀와 싸우는 일을 그치고 자녀가 싸우고 있는 진짜 적을 대적할 때다.

무엇을 가르쳐야 할지 기도하라

막내아들이 한글을 처음 배우면서 공부에 열의를 보였다. 그런데 자꾸 벽에 부딪혔다. 설명을 듣지 않으면 단어의 뜻을 이해하지 못했다. 어떤 단어는 설명해도 어려워했다.

우리 가족이 한국을 떠나 미국에 간 것은 막내가 돌이 막 지났을 때였다. 시애틀과 콜로라도 스프링스에서 약 3년 동안 살다가 한국에 돌아왔다. 국제 YWAM 베이스에서 한국 사람은 우리 가족뿐이었다. 말을 배우기 시작할 때부터 영어 문화권에서 자란 막내는 영어로 생각하고 영어로 말했다. 그래서인지 우리말을 배우는 데 처음에는 어려움을 겪었다. 되도록이면 천천히 공부를 시작하려고 했는데, 여섯 살이 지나면서 막내아들도 공부를 하고 싶은지, 공부하고 있는 형과 누나 주위를 맴돌더니 어느새 연필과 노트를 가지고 옆에 앉았다. 막내아들에게 맞는 교육 방법을 결정해야 했다.

'하나님, 아이에게 무엇을 가르쳐야 할까요?'

'한자를 가르쳐라.'

신실하신 하나님은 늘 대답해주셨다. 막내아들의 공부 계획을 세우는 그날 아침에도 내 경험과 이해를 뛰어넘는 놀라운 응답을 받았다. 하지만 처음에는 잘 이해가 되지 않았다. 지금 국어도 서툴고 어려워하는데 또 다른 외국어처럼 보이는 한자를 가르쳐야 하다니, 내가 먼저 자신이 없었다. 그러나 기도하고 받은 응답은 분명히 한자를 가르치라는 것이었다.

나의 염려와 다르게 막내는 한자 공부를 좋아했다. 그림을 그리듯 한자를 배우고, 가끔 사자성어를 구사하기도 했다. 한자를 배우다 보니 국어 낱말의 뜻을 쉽게 이해했다. 한글뿐 아니라 수학과 사회 등 다른 과목의 학습까지 쉬워졌다. 어휘력이 늘면서 한국말도 늘었다. 한자를 공부할수록 글을 읽고 이해하는 속도가 빨라졌다. 막내 아들은 그때부터 책 읽는 재미에 푹 빠졌다.

자녀의 교육 문제를 가지고 하나님 앞에 나가서 기도했고, 그 응답으로 한자 공부를 시작했을 뿐인데 결과는 놀라웠다. 이 일로 나는 자녀들의 교육 문제에 대한 염려를 내려놓았다. 기도하면 하나님이 도와주신다는 확신이 생겼으므로 홈스쿨 교사로서 자신감도 생겼다. 교과 과목과 교과서 선택, 그리고 교육 방법 등 모든 부분에 하나님의 도우심을 구했다. 그 응답으로 각각의 아이들에게 가장 적합한 맞춤교육이 이루어졌다.

나보다 내 아이를 더 사랑하는 분

"나보다 하나님이 더 우리 아이들을 잘 아신다. 나보다 하나님이 더 아이들을 사랑하신다.”

굳건한 믿음을 가지고 주인 되시는 하나님을 의지했더니 걱정과 염려가 사라졌다. 내가 무엇을 어떻게 가르쳐야 할지 하나님께 물어볼 때마다 하나님이 친절하게 말씀하셨다.

아이들이 국어 공부를 계속하면서 새로운 방법을 찾고 싶었다. 서점에서 판매하는 책은 대부분 시험을 위한 문제풀이 중심이어서 우리 아이들의 홈스쿨 교재로는 적합하지 않았다. 그래서 하나님을 의지하고 기도했다. 그때 성경의 단어로 글짓기를 하자는 생각이 떠올랐다. 하나님의 도우심으로 쉽고 재미있고 유익한 교육 방법을 찾을 수 있었다.

‘이런 멋진 아이디어를 미처 생각하지 못했다니….’

우리 가정의 홈스쿨은 아침에 성경을 큰 소리로 읽으면서 시작했다. 세 아이가 한 사람씩 돌아가면서 읽었다. 한 사람이 한 구절씩 읽다가 나중에는 한 단락씩 읽었다. 소리 내서 읽으니까 눈으로만 읽을 때보다 훨씬 내용을 잘 파악하고 의미를 잘 이해했다.

다 읽은 후에 그날 읽은 성경 본문에 나오는 어려운 낱말을 골라서 받아쓰기를 했다. 국어와 성경 말씀을 동시에 공부하는 일석이조의 효과가 있었다. 받침과 철자를 충분히 익힌 다음에는 그 낱말을 사용해서 짧은 글짓기를 했다. 이렇게 하다보니 아이들의 문장력이 늘 뿐만 아니라 성경에 나오는 단어들이 아이들의 말과 실생활에서 살아 있게 되었다.

성경에 나오는 단어를 사용한 짧은 글짓기 수업을 오랫동안 중요한 홈스쿨 과목으로 채택했다. 이렇게 하다보니 '경외'라는 단어가 나오면 하나님을 경외한다는 것이 무슨 뜻인지 배웠다. '세례'라는 낱말을 익히면서 세례의 의미와 세례의 종류도 공부했다. '계명과 규례'라는 단어를 받아쓰면서 하나님이 이런 규칙을 주신 본래의 뜻도 헤아렸다. 지혜, 거룩, 보혈, 언약, 의인과 죄인, 공의와 불의, 유업과 경배 등 성경에 나오는 수많은 단어를 통해 국어를 배우면서 성경 내용도 공부했다. 이러한 공부 방법은 아이들이 성경을 가까이하면서 하나님의 말씀을 생활에서 쉽게 적용하도록 도왔다.

막내에서 시작한 한자 공부를 큰아이와 둘째에게로 확산시켰다. 성경에서 어려운 단어를 먼저 찾고 뽑아내게 했다. 그 단어를 하나씩 한자와 접목해서 풀어내니 좀 더 쉽게 이해했다. 이렇게 모아진 낱말을 확실히 익히기 위해 받아쓰기를 하고 그 단어들로 짧은 글짓기를 했다. 그 짧은 글을 이어서 좀 더 긴 글을 엮도록 했는데 정말 재미있었다.

아이들은 각자 기가 막힌 아이디어와 풍성한 유머로 단어와 문장을 조합해냈다. 그것들을 발표하면서 서로 웃느라 시간 가는 줄 몰랐다. 성경에 나오는 낱말로 글짓기를 하면서 한글을 익히다가 본격적으로 글쓰기 수업에 들어갔다. 일기부터 기행문, 전기문, 편지글, 시와 소설, 수필 등을 공부했다. 글쓰기 관련 책을 사서 이론을 배우고 실습하는 방법으로 수업했다.

홈스쿨은 즐거워

둘째 아이의 미술 수업을 결정할 때도 하나님께 물었고, 응답을 받았다. 딸이 마음껏 창의력을 발휘하도록 혼자 그리게 했는데 시간이 흘러 미술 수업을 시작할 적절한 나이가 되었다. 그러나 어떻게 시작하고, 누구한테 도움을 받아야 할지 조금은 막막했다. 막내아들의 한자는 내가 가르치거나 책으로 혼자 공부해도 되었지만, 미술은 내가 도와줄 수 없었다. 하나님께 도움을 요청하고 기다렸다.

어느 날 안심해도 된다는 마음이 들었다. 그날 저녁 무렵에 예수 전도단 간사로부터 전화가 왔다. 우리 딸의 미술 선생님이 필요하지 않느냐며 상황은 잘 모르지만 도와주고 싶은 마음이 들어서 전화했다고 했다. 하나님의 인도하심에 순종한 간사님이 정말 고마웠다.

내가 아이들에게 무엇을 가르쳐야 하는지 물어볼 때마다 하나님은 창의적으로 공부하라고 하셨다. 국어 공부가 정착되고 난 후에는 아이들의 적성과 관심 별로 교과목을 만들어서 공부하고 있었다. 그쯤 되자 다 같이 참여하는 창작놀이 같은 수업을 하고 싶었다. 기도하는데 요리를 하라는 마음을 주셔서 요리 수업을 시작했다. 요리 수업은 무엇보다 홈스쿨은 즐거운 것이라는 인식을 아이들에게 심어주었다. 밀가루 반죽을 마음껏 주무르면서 자기가 원하는 모양을 빚으며 놀게 했다. 자주 그렇게 놀다가 드디어 정식으로 수제비를 끓였다.

어차피 엄마인 내가 아이들이 먹을 밥을 차려야 했는데 요리를 수업으로 바꾸면서 내 부담이 훨씬 줄어들었다. 맨 먼저 아랫집 윗집으로 큰아들 손에 들려 보냈다. 이웃과 나눠 먹는 법도 더불어 배웠다. 우리는 식탁에 빙 둘러앉아 수제비를 맛있게 먹었다. 자기들이 빚은 모양이 건져질 때마다 환호하는 아이들 모습을 보는 것은 정말 즐거웠다. 아이들은 홈스쿨뿐 아니라 요리도 즐겁다는 것을 알고, 내가 집에 없을 때는 큰아들이 동생을 데리고 쿠키도 만들고 카레도 만들곤 했다. 엄마가 만든 계란 프라이보다 형이 만든 계란 프라이를 먹고 싶다고 말하는 막내를 보며 놀라기도 했다.

하나님은 우리가 그분께 여쭤보며 가정을 올바르게 세워나가길 원하신다. 하나님은 우리를 도와주시려고 준비하고 계신다. 하나님이 우리 가정을 지켜주시고 세워주시기 위하여 찾아오셔야 한다.

그렇다면 그분은 언제 오시는가? 부모인 우리가 기도할 때 오신다. 우리가 기도하기 이전에 먼저 오실 수 있지만, 우리가 기도할 때까지 기다리신다. 결과보다 기도하는 과정을 통하여 우리가 하나님을 더 알게 되기 때문이다. 그 어떤 주제보다도 가정을 세우는 부분에서 하나님이 도와주신다. 초보 엄마뿐 아니라 베테랑 엄마도 하나님의 도우심이 없이는 엄마 역할을 제대로 수행하기가 쉽지 않다. 그러나 하나님이 도와주시면 잘할 수 있다. 시편 127편의 말씀을 믿는다. 하나님께 집을 세워주시도록 요청하면, 그분은 반드시 응답하신다.

사춘기 자녀를 위한 기도

사춘기에 접어들면 더욱더 아이를 위해 기도할 일들이 많이 생긴다. 나도 세 아이의 사춘기를 통해서 그동안 이론으로 듣던 질풍노도라는 말의 뜻을 실감했다. 그 속에서 기도하는 법도 배웠다. 사춘기 자녀를 통해 기도할 기회를 주신 주님께 감사하는 법도 배웠다. 감사가 상황을 극복하고 이기게 함도 알았다. 감옥에서도 원망과 불평 대신 기도와 찬양으로 승리한 바울과 실라를 기억했다. 감사와 찬양의 기도는 모든 매인 것을 풀고 닫힌 것을 열며 구원을 이루는 기도라는 사실을 깨달았다.

> 한밤중에 바울과 실라가 기도하고 하나님을 찬송하매
> 죄수들이 듣더라
> 이에 갑자기 큰 지진이 나서 옥터가 움직이고
> 문이 곧 다 열리며 모든 사람의 매인 것이 다 벗어진지라
> 사도행전 16장 25,26절

누가복음 2장에 기록된 예수님의 모습을 바라보며 나는 자녀를 위해 소망의 기도를 해야 함을 알았다.

"내가 내 아버지 집에 있어야 될 줄을 알지 못하셨나이까?"

10대는 자신의 정체성을 깨닫는 시기임을 열두 살 예수님을 통해 알았다. 아이들에게 사춘기는 반항의 계절이 아니라 자신이 누구인지 깊이 생각하며 하나님을 찾는 시기라고 말해주었다. 그리고 아이

들이 청소년 시절에 자신의 정체성을 확실히 깨닫는 지혜를 주시도록 기도했다.

딸은 아들과 달랐다. 좀 더 순하고 조용하며 섬세했다. 아들 키우는 것도 행복했지만 딸 키우는 것도 새로운 기쁨이었다. 엄마 밥숟가락에 생선살도 올려줄 줄 알고 조용히 다가와 아픈 엄마 등을 두드려주기도 했다. 엄마의 바뀐 헤어스타일도 단번에 알아봐주고 어울리는 구두와 핸드백도 곧잘 코디해주었다. 그랬던 딸이 사춘기에 나를 그렇게 힘들게 할지 상상도 못했다.

나는 부르짖었다. 성령을 부어달라고 밤낮 부르짖고 금식하며 작정하고 기도했다. 기도하다가 문득 깨달았다. 그동안 별 문제없이 무난하게 자라주었기에 오히려 딸을 위한 기도가 부족했다는 것을.

'지금이나마 딸을 위해 기도할 기회를 주신 하나님 감사합니다.'

나는 '예수님이 지혜와 키가 자라가며 하나님과 사람에게 더욱 사랑스러워가셨다'라고 기록한 누가복음 2장 52절 말씀을 통해 사춘기 자녀를 위한 기도제목 팁을 얻었다.

'주님, 아이의 지혜가 자라게 해주셔서 감사합니다. 그 키가 자라고 있음에 감사합니다. 우리 아이도 예수님처럼 하나님과 사람에게 더욱 사랑스러운 아이로 자랄 수 있다고 믿습니다. 그렇게 자라도록 도와주소서.'

기도하자 하나님이 딸을 통해 하실 일이 있겠다는 소망이 생겼다. 그래서 전심으로 감사하며 더 많이 기도했다. 어느 날 딸이 내게 다가와서 먼저 말을 꺼냈다.

"엄마, 그동안 죄송했어요. 그리고 포기하지 않고 끝까지 기도해 주셔서 감사해요."

지금 딸은 성령을 따라 예수님의 제자로 살고 있다. 두 아이가 사춘기를 지날 때, 자주 금식기도를 했다. 다시 그 시절로 돌아가더라도 나는 기도할 것이다. 세대간의 차이가 가장 심한 나라가 한국이라고 한다. 격변에 가까운 현대사를 살아온 부모들은 가정의 경제적인 부분을 해결하기 위해 최선을 다해서 열심히 살지만 때로 우왕좌왕한다. 성경적 가치관으로 자녀들을 교육하는 일에 서툴기도 하다. 그러다보니 아이들은 아이들대로 힘든 시간을 보낸다. 그 간극이 쉽게 메꾸어지지 않는다. 그래서 기도해야 한다. 하나님은 우리의 집을 세워주시고 지켜주실 수 있다.

기도하는 엄마가 사탄을 이긴다

하늘에는 향기를 담은 금향단이 있다. 이 땅에서 드리는 성도의 기도는 향기가 되어 그곳에 담긴다. 그 향기들 중에는 분명 자녀를 위한 엄마의 기도가 많을 것이다.

엄마의 기도는 사라지지 않고 담긴다. 엄마의 기도는 없어지지 않고 쌓인다. 포기하지 않는 엄마의 인내하는 기도가 쌓이고 쌓여, 언젠가는 분명 향단을 가득 채우게 될 것이다. 그러면 그때 향기는 부어지고 엄마는 응답을 받게 될 것이다. 자녀는 치유되고 치료되며 놓임을 받고 돌아오며 복을 받고 복이 될 것이다.

혹 믿음을 떠났거나 아직 주님께 돌아오지 않는 자녀를 위해 기도하는 엄마가 있다면 위로를 받으라. 그 기도는 사라져버린 것이 아니라 쌓이고 있다. 어쩌면 그 자녀를 위한 금향단이 많이 커서 아직 덜 찬 것이 아닐까. 많이 쌓이면 그만큼 많은 은혜를 받게 되지 않겠는가. 얼마나 큰 복이 되려고 이처럼 기도를 많이 받겠는가.

지금 더딘 응답으로 지쳤거나 중간에 포기해버린 엄마가 있더라도 괜찮다. 오늘부터 다시 시작하면 된다. 그동안 쌓인 기도는 그대로 있다. 그 위에 다시 향기를 쌓으면 된다. 혹 엄마가 응답을 확인하지 못하고 죽는다 하더라도 기도로 쌓인 향기는 사라지지 않는다. 누군가 그 기도를 이어간다면 언젠가는 다 채워질 것이고 다 채워지면 부어질 것이다. 부어지면 응답을 받는다.

엄마의 기도는 반드시 응답된다. 엄마의 기도는 자녀를 살릴 수 있다. 왜냐하면 기도는 죽지 않고 살아서 일하기 때문이다. 자녀를 위한 기도의 향단을 기억하고 기도를 계속 하라. 나는 믿음으로 인내하며 기도를 쉬지 않던 분을 알고 있다. 그 분은 자식을 포기하지 않았다. 그 분이 들려준 가정의 이야기를 짧게 소개한다.

나는 그래도 자식을 포기할 수 없었다. 주위 사람뿐 아니라 전문 상담가와 목사님조차도 아이가 더 나아질 거라고 기대하지 않는 눈치였다. 아이가 자기 방 밖을 나오지 않은 지 오래되었다. 내가 일하고 들어오면 부엌에 아이의 흔적이 있음을 보고 아이가 살아 있다고 안심해야 할 판이었다.

나는 부르짖었다. 쉼 없이 하나님 앞에서 부르짖다가 가슴을 쥐어뜯었다. 아이가 어렸을 때 좀 더 함께해주지 못한 후회로 가슴을 쳤다. 아이를 집에 방치하고 직장 일과 교회 일에만 몰두했던 젊은 날의 어리석음을 회개하며 땅을 쳤다. 그것이 아이를 위한 최선이었을까? 누구를 위해 돈을 벌었을까? 교회 일을 열심히 하면 자식은 하나님이 알아서 키워주신다는 의미가 이것은 아닐 텐데.

나는 이제 기도하러 교회에 간다. 한탄과 후회도 하나님 앞에서 해야겠기에 교회에 간다. 그리고 무엇보다 아이를 포기할 수 없어 교회에 가서 기도한다. 그렇게 기도하다가 진정한 기도를 해야 한다는 깨달음을 얻었다. 원망이 아닌 감사와 찬양의 기도를 해야겠다고 결정했다.

그때부터 집에서도 교회에서도 나의 감사와 찬양은 계속되었다. 가정예배도 시작했다. 아이에 대해서 감사제목을 찾고 감사를 드렸다. 어느 순간부터 내 입에서 시도 때도 없이 새어나오던 한숨이 줄었다. 그동안 앓던 위궤양도 조금씩 나아지는가 싶더니 내 얼굴이 눈에 띄게 밝아졌다. 늘 우울하던 우리 집에 빛이 비치는 것 같았다. 나는 여전히 아이를 포기하지 않았다. 굳게 닫힌 아이 방문 앞에서 용서를 빌었다. 어린 시절에 함께 있어주지 못한 것에 대해 용서를 구했다. 날마다 방문 앞에서 너를 사랑한다고, 아주 많이 사랑한다고 말해주었다.

해가 바뀌어도 자식을 포기하지 않는 나의 기도와 노력은 계속되었다. 어느 날 새벽 아이는 방 밖으로 나왔다. 그러더니 조금 후에 집 밖으로 나가는 연습을 했다. 나의 믿음의 기도를 따라 몇 년 후 기적처럼 일자리를 얻었고, 지금은 두 자녀의 아빠로 당당한 가장이 되었다.

사탄은 기도하는 엄마를 무서워한다. 돈 많은 엄마나 예쁜 엄마보다 더 무섭다. 학벌 좋은 엄마보다 힘센 엄마보다 기도하는 엄마가 훨씬 더 무섭다. 왜냐하면 기도하는 엄마는 하나님을 부르기 때문이다. 하나님으로 하여금 자녀를 위해 일하게 하기 때문이다. 하나님이 일하면 사탄의 영역이 좁아지고 결국은 아이를 통해 계획한 그의 일들이 다 무산되고 결국 자신만 쫓겨나게 되기 때문이다. 그래서 사탄은 엄마들을 바쁘게 만든다. 돈 버느라, 살림하느라 또는 노느라고 기도할 틈이 없게 한다. 아니면 쓸데없는 염려와 세상 근심에 쌓여 한숨만 쉬게 한다거나 욕심과 두려움과 불안 속에 갇혀 기도할 마음조차 잃어버리게 한다.

　그래서 지혜로운 엄마는 자녀를 위한 기도 시간을 정한다. 일주일에 하루 자녀를 위해 기도의 날을 정하는 현명한 엄마도 있다. 자녀를 위한 기도 시간과 기도 날을 정하고 기도하라. 자녀를 주시고 맡기신 주님을 찬양하는 기도부터 시작하라. 특별히 자녀로 인한 감사를 스무 가지 정도 써보고 일일이 감사의 제사를 드리라.

　그다음에 자녀를 축복하는 기도를 하라. 신명기 6장에서 원하는 하나님의 축복의 말씀에 자녀 이름을 넣어서 축복의 기도를 하라. 하나님의 얼굴 빛이 지금 이 순간에도 자녀를 비추시도록 간구하라. 자녀를 묶고 있는 악하고 더럽고 위험하고 어두운 것들을 예수 그리스도의 이름으로 대적하고 명령하라. 그리고 무엇보다 자녀에게 성령을 부어주시도록 기도하라.

　성령의 사람이 되어 하나님의 약속을 받아 천하 만민에게 복을 주는 사람이 되길 기도하라. 끝까지 부모의 선물과 상이 되어 자녀를 누리는 복을 받도록 기도하라. 또한 어둠 가운데 빛으로 날아가서 하나님의 영광을 나타내는 군사가 되길 축복하며 간구하라.

기도하는 엄마는 마음이 편하다. 하나님께서 자녀를 이끄시고 인도하심을 알기 때문이다. 기도하는 엄마는 언제나 웃는다. 하나님이 자기 자녀와 항상 함께 계심을 알기 때문이다. 기도하는 엄마는 잠도 잘 잔다. 왜냐하면 자신이 하나님께 그렇게 요청했으므로 하나님이 지키시고 복 주고 계심을 믿기 때문이다.

그래서 약하지 않다. 벌벌 떨거나 쉽게 좌절하지 않는다. 전에는 약했지만 이제는 아니다. 세상 그 누구보다 강하고 능하신 팔을 의지해서 기도함으로 자신도 강해진 것이다.

기도하는 엄마는 강하다. 자녀를 하나님 뜻대로 키울 수 있다. 말씀을 따라 교육할 수 있다. 욕심을 내려놓고 이타적으로 살도록 양육할 수 있다. 담대하게 아이를 선교여행 보낼 수 있다. 하나님이 이끄신다면 세상 끝으로도 보낼 수 있다. 자녀가 부모를 떠나갈 때 기쁘게 보낼 수 있다.

11

—

헛된 열심의
악순환을 끊으라

"아니, 여보! 저 아이들이 왜 저러지요?"

"어디? 정말! 왜 아이들이 뛰어다니지?"

저녁 모임이 있어 밖에 나갔는데 약속 시간보다 조금 빨리 도착해서 남편과 근처 카페에 들어갔다. 이런저런 이야기를 하다가 문득 창밖을 보니, 많은 아이들이 바쁘게 이리저리 뛰어다니고 있었다. 아이들에게 무슨 일이 있는지 궁금하기도 하고, 우르르 뛰어다니다가 넘어질까봐 걱정도 되었다. 가까이 앉아 있는 분에게 물어보니, 아이들이 다음 학원 버스를 타기 위해 뛰어다닌다면서 그것도 모르냐는 표정이었다.

알고 보니 그곳은 수도권에서 학원가로 유명한 지역이었다. 기다리는 버스들이 워낙 많아 주정차할 공간도 부족하고, 또 급하게 출발해야 하는데 버스를 놓친 아이들은 다음 학원으로 갈 수가 없기 때문이란다. 마땅히 집에서 쉬어야 할 저녁나절에 학원에서 우르르 몰려나와 다음 학원으로 가는 버스를 타기 위해 바쁘게 뛰어다니다니…. 그 모습을 물끄러미 바라보자니 남편도 나도 마음이 아팠다.

며칠 뒤에 그 거리를 다시 다녀온 남편은 이런 아이들의 모습은 결코 정상이 아니라면서 걱정을 했다. 대부분 초등학생이나 중학생일 텐데 다음 학원 버스를 타기 위해 뛰어다녀야 할 만큼, 학원은 요즘 아이들 생활의 중심이 되었다. 그 뒤에는 아이들을 너무 일찍부터 공부에 몰아넣는 부모의 무리수가 있다. 나는 이런 부모들이 너무 늦게 깨닫고 후회할까봐 걱정이 된다.

> 주님께서 집을 세우지 아니하시면
> 집을 세우는 사람의 수고가 헛되며,
> 주님께서 성을 지키지 아니하시면
> 파수꾼의 깨어 있음이 헛된 일이다.
> 일찍 일어나고 늦게 눕는 것,
> 먹고 살려고 애써 수고하는 모든 일이 헛된 일이다.
> 시편 127편 1,2절(새번역성경)

시편 127편의 전반부는 마치 이 시대 부모의 모습과 비슷하다. 자녀를 위해서 부모가 고생하는데도 그 결과는 헛될 수 있다고 성경은 경고한다.

열심히 일해도 그 수고가 헛되다

부모들이 '초등학생의 복종'이라는 함정에 빠져 있다. 초등학생 나이의 아이들은 대부분 부모가 원하는 대로 따라온다. 특히 엄마가 시키는 공부를 한다. 초등학생 때는 조금만 집중하면 결과가 나온다. 공부해도 성적이 오르지 않으면 그 정도에서 멈추는데, 좋은 결과가 나오니 점점 더 공부를 시킨다. 부모는 부모대로 밀어붙이고, 아이들도 욕심을 낸다. 더 좋은 성적을 내기 위해 뛰어다닌다. 그래서 많은 부모들은 아이들을 밀어붙이면 된다는 무서운 함정에 빠진다.

초등학생 나이에 잘하는 것처럼 보이는 아이들이 청소년이 되었을 때, 공부에 지치는 경우가 많다. 그런데 부모는 계속 밀어붙인다. 이미 공부에 대한 의지력이 바닥난 아이에게 채찍을 가하는 것과 같다. 여기서 부모 자식 간의 갈등마저 생긴다.

어린 나이에는 충분히 놀아야 한다. 놀 때는 의지력이 필요하지 않고 그냥 즐기기만 한다. 놀이는 상상력과 창의력을 자연스럽게 일으킨다. 그렇게 충분히 놀면 행복한 사람이 된다.

아이들의 어린 시절의 행복을 지켜주는 것은 우리 부부의 자녀양육의 중요한 목표였다. 남편이 들었다는 어느 방송의 대담 내용도 그 결정에 도움이 되었다. 어린 시절에 충분히 놀면 '나도 공부 좀 하고 싶다'고 말하는 시점이 온다는 내용이었다. 그런 아이들이 청소년기에 접어들면서 스스로 공부하고 싶어 한다는 주장은 틀린 말이 아니었다. 우리 아이들은 청소년이 되면서 공부에 대한 왕성한 욕구를 보였다. 초등학생 때는 놀면서 여유 있게 공부하면서 배우고 싶은 갈망을 남겨둘 만큼만 공부했더니 늘 공부는 즐겁다고 인식했다.

요즘 아이들은 방과 후에 학원에 다니는 것만으로 충분하지 않아서 추가로 과외를 하기도 한다. 과도한 사교육비 때문에 아빠의 수입은 늘 부족하다. 엄마들마저 나가서 일하는 가장 큰 이유는 자녀들 교육비 때문이라고 한다. 그렇다고 자녀의 교육비를 충당할 만큼 충분히 돈을 벌 수 있는 것도 아니다. 아이들은 공부 때문에 동네 친구도 잃고, 집에서 따뜻하게 맞이하는 엄마도 잃었다.

우리 가정이 한국에 돌아와서 홈스쿨을 하기로 결정할 때, 관련 기사들을 찾아보았다. 그중에 흥미로운 기사가 있었다. 서구에서 홈스쿨하는 대부분의 가정은 부부가 동시에 일하지 않는다. 부모 둘 중 한 명은 가정을 돌보고 한 사람이 일하는 수입으로 생활한다. 한 사람이 일하는데도 재정적으로 더 여유가 있다는 기사였다. 수입은 늘어나지 않지만, 지출을 통제하기 때문이다. 엄마는 엄마대로 일하면서 지치고, 아이들은 아이들대로 학원에 다니면서 지친다면, 그 수고는 헛된 일이다.

사람들은 자녀의 성적에 대한 과도한 부담 때문에 사교육에 의존해야만 한다고 말한다. 또 대부분 아이들이 친구를 만나기 위해서라도 학원에 가야 한다는 말도 자주 듣는다. 그래서 아이들이 늦은 저녁 시간에 학원 버스를 타기 위해 뛰어다니고 있다. 그 현장을 지켜보면서 나는 걱정이 앞섰다.

'이 아이들은 자기의 삶을 어떻게 바라볼까?'

'자기의 부모에게 어떤 감사가 있을까?'

'이 아이들은 행복할까?'

공부는 스스로 좋아서 해야 한다. 그래야 효과가 있다. 억지로 한다고 실력이 좋아지지 않는다. 그런 방법으로 성적이 당장 올라간다한들 자신의 것이 되겠는가. 몇 년을 억지로 이 같은 방법으로 공부하다 지친 아이들은 더 공부하지 않는다. 이 악순환을 어떻게 끊을수 있을까?

하나님의 말씀 앞에 나가야 한다. 하나님나라의 원칙을 벗어나면 아무리 열심히 해도 결국 헛되다는 분명한 사실을 인정해야 한다. 가정 안에서 행복한 유소년기를 보내야 한다.

깨어 있음이 헛되다

어느 날 읽은 뉴스 기사가 머리에서 떠나지 않는다. 학부모들이 사교육 정보를 서로 공유하지 않는다는 내용이었다. 어느 학원의 선생님이 잘 가르치는지 알아내기 위해 엄마들이 수단 방법을 가리지 않는다는 기사도 있었다. 자녀들의 학습을 위해 엄마들에게 뛰어난 정보력이 필요하다고 한다. 마치 파수꾼이 깨어 있는 것처럼 엄마들이 깨어 있어야 한다면, 얼마나 피곤할까. 그 깨어 있음이 헛된 결과를 가져올 수 있음을 성경은 간과하지 않는다.

선행학습에 아이를 억지로 등록한다면, 이는 정말로 헛된 일이다. 어느 중학생이 수업 시간마다 엎드려 자고 있었다. 선생님이 조용히 물어보았는데, 공부가 재미없다고 대답했다. 초등학교에서 이미 중학교 과정을 다 배우고 왔기 때문에 수업이 시시하고 재미없다는 말이었다. 더구나 초등학교에서 지겹도록 공부했기 때문에 이제는 공부를 쉬고 싶다는 것이다. 중학교에 입학하자마자 벌써 지쳐버린 것이다.

당연하다. 어른도 이런 상황이라면 똑같이 반응할 것이다. 아이들의 잘못이 아니다. 아이들에게 갈망을 남겨주라. 더 배우고 싶은 갈망을 남겨두어야 정말로 공부해야 할 그 기간을 잘 보내게 된다. 엄마의 부지런한 노력이 아이를 망치는 일이 되었다면, 그야말로 헛된일이다.

학원 정보를 아이들이 직접 알아낸다면 그나마 다행이다. 정보를 모으고 해석하여 적용하는 능력이라도 갖추기 때문이다. 그런데 엄마가 결정하고 아이들은 버스에 타기만 한다면, 그런 유형의 삶은 평생 반복될 것이다. 자녀 인생에 도움이 안 되는 부모의 헛된 수고다.

"엄마, 이 디자인 전시회에 꼭 가고 싶어요."

"그래? 엄마가 무엇을 도와주면 될까?"

딸아이가 미술과 관련된 디자인 정보를 찾아왔다. 그곳까지 어떻게 가는지 교통편과 입장료, 전시회의 구성 등 많은 부분을 어린 나이에 직접 알아냈다. 나는 입장료와 함께 간식비를 주었다. 딸의 일이라면 없는 시간도 만들어내는 남편이 함께 갔다. 딸이 말해주는 그대로 따라갔다. 전시회에 다녀온 딸의 소감은 흥미진진했다.

큰아들은 청소년 시기에 다양한 분야에 관심이 있었다. 사진, 옷,

사격, 여러 종류의 차(茶), 커피, 애플 컴퓨터 등 관심 분야가 계속 바뀌었다. 분야별로 오프라인 모임이 많았다. 그들이 어디에서 모이고 회비는 얼마이며 언제 끝나고 무슨 주제를 다루는지 모두 직접 알아보았다. 부모인 우리가 신경 쓸 일이 없었다. 대부분 회비도 자기가 번 돈으로 충당했다.

우리가 할 일이라고는 참석해도 되는지의 허락 여부였다. 대부분 참석을 허락했지만, 어떤 모임은 남편이 허락하지 않았다. 서울에서 부산까지 따라간 모임을 허락할 때도 있었지만, 집 근처에서 모이는 모임을 허락하지 않은 경우도 있었다. 온라인 카페 동호회 분위기가 중요한 기준이었다. 인격적이고 서로 존중하는 동호회만 허락했다. 그렇지만 그런 모임을 알아내는 과정만큼은 칭찬해줬다. 과정을 알아보면서 배우는 것이 많다.

막내아들은 자기가 좋아하는 작가들의 글과 성장 배경, 사회적 활동도 항상 알고 있었다. 그리고 신간 서적의 저자 사인회 정보를 알아오곤 했다. 우리 가족이 고양이 전사에 관한 소설 읽기에 빠진 기간이 있다. 막내아들이 좋아하는 작가의 작품이었다. 한국에 번역판이 소개되지 않은 신간도 많았다. 막내는 아빠의 해외여행 일정을 미리 알아본 후에 아빠가 방문하는 도시에 어떤 서점이 있고, 그 서점에 어떤 책이 있다고 알려주었다. 아빠가 할 일은 가서 사오는 일뿐이었다. 아이 셋이 자기가 알아서 알아보고 부모인 우리에게 허락을 구하면 그걸로 충분했다. 우리 부부는 파수꾼처럼 긴장하면서 살지 않았다.

아이들의 삶은 아이들의 삶이고, 부모의 삶은 부모의 삶이다. 너무 지나치게 일일이 챙겨주면 아이들이 그 과정을 배우지 못한다. 부모인 우리도 너무 피곤할 것이다. 아이들이 할 일을 부모가 지나치게 관여하는 것은 헛된 수고다.

자녀들은 하나님께로부터 온 귀한 선물이고 부모가 함께 삶을 누려야 할 상이며 많은 사람에게 빛과 생명을 나눠줄 하나님나라의 군사다. 무엇보다도 앞으로 살아갈 날이 많이 남아 있는 하나님의 걸작품이다. 찬란한 날을 꿈꾸어야 한다.

그런데 누가 무슨 권리로 그들의 행복을 빼앗는단 말인가. 무엇이 아이의 삶을 헛되게 하는가. 무슨 이유로 아이들의 생활을 이처럼 피곤하게 만드는가. 왜 그처럼 헛된 것들로 그들의 정서를 말리고, 그들의 머리를 꽉 채우게 하며, 그들의 발목을 잡게 내버려두는가. 왜 헛된 세속의 이론과 허망한 것들을 분별없이 따르고 있는가.

그것은 부모의 헛된 욕심이다. 아이들의 주인이신 하나님은 그 책임을 국가나 제도에 묻기 전에 각각의 부모에게 물으실 것이다. 자녀를 그들의 부모에게 맡겼기 때문이다.

여호와께서는 사람의 생각이 허무함을 아시느니라

시편 94편 11절

하나님은 아시는데 사람들은 모른다. 하나님 없는 사람의 생각에서 나온 교육 이론의 허무함과 세속 가치의 허무함과 인간 욕심의 허무함을 사람들은 모른다. 안다면 그처럼 생각 없이 온 삶을 드려 맹목적으로 따르지 않을 것이다. 허무함이란 아무것도 없다는 뜻이다. 하나님을 안다고 하는 사람들조차도 아무것도 남지 않을 것들을 왜 따라가는 걸까. 허무한 사람의 이론은 허무할 뿐임을 알면서 말이다.

누군가는 불안 때문이라고 했다. 어찌해야 좋을지 모르는데 많은 사람이 가는 길을 따라가다 보면 그냥 안심이 된다고 했다. 그 길에도 끝이 있고 그 끝이 낭떠러지일 수도 있지만 그래도 안심이 된다고 말했다. 그러나 그 끝이 낭떠러지가 확실하다면 어떻게 하겠는가?

하나님은 사람들이 생각하는 그 생각의 허무함을 분명히 아신다. 하나님의 말씀을 신뢰하고 따라가면, 생명의 길을 미리 볼 수 있다. 지금은 넓은 길이지만, 결국 낭떠러지가 될 길도 볼 수 있다. 자녀를 어느 길로 인도해야 할까. 아는 이들은 돌아서야 한다. 허무하지 않은 길, 헛되지 않은 길을 가야 한다.

늦게까지 일하면서 먹는 회식이 헛되다

교차로에서 다음 신호등을 기다리고 있는데, 갑자기 남편이 길가에 있는 식당을 보라고 했다.

"여보, 저기 좀 봐요. 이렇게 늦은 시간에 식당이 꽉 차 있네."

"24시간 영업하는 식당인가봐요. 늦은 시간에 밥 먹으러 오는 손님이 많네요."

그날따라 사역이 늦게 끝나서 서둘러 집에 가고 있었다. 기다리고 있을 아이들 생각에 마음이 급했다. 그런데 남편 말을 듣고 무심코 쳐다본 식당에는 밤 11시가 넘은 늦은 시간에 식사하며 술을 마시는 사람들이 꽤 많았다. 대부분 남자들이었다. 집에서 기다리고 있을 가족을 생각하니 안타까웠다. 왜 이렇게 회식이 많은지. 저녁은 집에 가서 가족과 함께 먹어도 좋지 않을까.

한국 사회의 직장 문화는 분명 문제가 있다. 일찍 출근해서 너무 늦게까지 일하고, 일이 끝난 다음에도 집에 가지 못하고 회식을 해야 한다. 아이들도 공부하느라 집에 늦게 오고, 아내들은 혼자 밥을 먹는다. 직장에서 일해야 하는 업무량이 많겠지만, 분명 정상은 아니다. 자녀들과 대화하고 사랑을 표현할 시간을 갖지 못하니, 점점 사랑이 식어간다. 부모들이 마음으로는 자녀를 사랑할지라도 자녀들은 그 사랑을 확인하지 못한다.

가족을 뜻하는 또 다른 단어인 식구(食口)는 함께 밥을 먹는 사람이다. 한 가족이라면 함께 밥을 먹는 시간이 자주 있어야 한다. 일하는 목적이 사랑하는 가족을 위해서인데, 너무 늦게까지 일하고 저녁도 밖에서 먹고 들어오니 함께하는 시간이 절대적으로 부족하다. 가족 사랑을 확인할 시간이 없다. 저녁 한 끼라도 부모와 자녀가 집에서 오손도손 밥을 먹어야 한다. 우리가 스스로의 힘으로 일찍 일어나고 늦게 누우며 수고의 떡을 먹음이 헛되다고 말한 시편 말씀을 기억하며 살아야 한다.

사랑하는 부모에게
잠을 주신다

"자니? 엄마가 옆에 누워 있어도 될까?"

"…."

"음… 엄마, 있잖아요! 내가 왜 힘든지 아세요?"

우리 딸이 드디어 나에게 말문을 열었다. 나는 사춘기의 어려움을 겪는 아이 침대에 며칠 전부터 함께 누웠다. 아이와 함께 자면서 대화를 해보면 어떨까 하고 남편이 내게 권했을 때 별다른 기대가 없었다. 첫째 날에도 둘째 날에도 말없이 누워 있다가 내 방으로 돌아왔다. 말은 없었지만 내가 옆에 있는 것을 싫어하는 눈치는 아니었다. 그러다가 삼 일째 되는 날 밤에 갑자기 딸이 말문을 열더니 많은 이야기를 했다. 딸의 이야기를 들을수록 안쓰럽기도 하고 딸에게 미안하기도 했다. 좀 더 일찍 이런 대화를 했다면 좋았을 텐데!

다음 날 아침, 나는 구수한 팬케이크를 굽고 딸이 좋아하는 메이플 시럽을 듬뿍 얹어주었다. 아침 일찍 일어나 오랜만에 맛있게 식사하는 딸을 바라보는 남편의 얼굴도 환했다.

강의하려고 제주 열방대학에 갔을 때, 막내아들이 내 방으로 왔다. 그곳 부설 기독학교 학생인 막내아들은 같은 공간에 엄마가 있어서 좋아했다. 엄마와 함께 자고 싶어서 선생님의 허락을 받았다고 했다. 방에 들어오자마자 강사용 간식을 먹더니, 방바닥에 누워서 이야기를 시작했다. 처음으로 집을 떠나서 공동체 생활을 하느라 밀린 이야기가 많았다.

"엄마와 함께 있으니까 마치 집에 있는 것 같아요. 아주 좋네요."

"그래, 나도 오랜만에 아들과 함께 잘 수 있어 정말 좋구나!"

"그동안 밀린 얘기가 너무 많아요."

아침 일찍 일어난 아들의 얼굴 표정이 더 좋아졌다. 나는 그 뒤에도 제주도에 갈 때는 항상 아들과 함께 잠을 잔다. 기숙학교라 학교 측에서도 부모님이 찾아오면 학생들과 함께 자도록 권한다. 청소년 자녀들이 부모님의 사랑을 확인하는 소중한 시간임을 알기 때문이다.

나는 오래전부터 아이들과 함께 누워 있는 시간을 좋아했다. 아이들이 엄마와 누워 있는 시간을 더 좋아한 것은 물론이다. 산책하며 함께 걷는 시간도 즐기고, 맛있는 음식을 함께 만들어 먹는 것도 좋아했지만 우리는 함께 누워 있는 시간을 특별히 좋아했다. 아이들과 누워 이런저런 얘기를 하다가 나는 가끔 즉석에서 동화를 만들어

들려주기도 한다. 그러면 아이들도 저마다 상상과 현실을 섞어 만든 재밌는 얘기를 즉흥적으로 엮어서 내게 들려준다. 잠자리에서 아이들과 이야기하다보면 말할 수 없는 행복감이 밀려온다. 그 행복감에 취해 아이들 곁에서 그냥 잠이 든 적도 많았다.

미국을 비롯한 서구 문화에서는 어린아이를 혼자 자게 함으로써 너무 일찍 부모와 떼어놓는다. 그래야 자립심이 생긴다고 생각한다. 요즘 한국의 가정들도 이와 비슷하다. 그러나 아이들이 너무 일찍 부모와 떨어져서 잠을 자면 깊은 외로움이 뿌리내린다. 미국에서 사역할 때, 한 미국인 간사 부부에게 들었다. 대부분 미국 가정의 자녀들은 아주 어렸을 때부터 부모와 떨어져서 잠을 자는데 그때부터 깊은 외로움이 내면에 자리잡는다고 한다. 무섭거나 필요한 게 있어서 울어도 자기를 도와주러 오지 않는 부모를 받아들이면서 말이다.

자립심은 부모의 사랑을 확인하면서 생긴다. 무조건 혼자 있어야 자립심이 강해지는 것이 결코 아니다. 가끔이라도 함께 잠을 자면 부모의 관심과 사랑을 아이들이 쉽게 확인한다. 그 사랑의 확인과 확신이 건강한 자립심을 키운다.

잠을 못 잤던 이유

남편은 나보다 조금 일찍 잠이 든다. 내가 잠든 후에 자면 안 되겠냐고 부탁해도 소용이 없다. 항상 나보다 먼저 잠이 든다. 물론 좋은 점도 있다. 잠자는 남편의 얼굴을 찬찬히 살펴볼 수 있어서 좋다. 결혼하고부터 지금까지 남편은 늘 웃는 얼굴로 잔다. 그 표정을 볼 수 있어서 좋다. 나는 어떤 표정으로 잠을 자는지 궁금하다. 평안하게 잠을 자는 것처럼 행복한 일이 있을까? 오늘을 감사로 마무리하고, 내일을 기대함으로 준비하며 잠자는 시간이 행복하다면 삶의 모든 시간이 행복한 것 아닐까.

우리 부부는 정기적으로 안식년을 갖는다. 모든 강의와 사역을 중단하고 하나님 아버지 앞으로 나가는 시간이다. 우리의 영혼육이 회복되는 소중한 시간이다. 2009년에 보낸 안식년은 그중에서도 특별했다. 모든 강의를 멈추고 지난 안식년 이후에 강의했던 교회와 공동체를 위해 기도하는 시간을 가졌다. 그리고 우리 몸의 생체리듬을 하나님이 창조하신 자연의 순환에 맞췄다. 우리가 안식년을 보낸 곳은 미국 콜로라도 스프링스의 한적한 산속이었다.

국제 YWAM에서 사역하는 간사가 작은 농장을 갖고 있었는데, 그 집 옆에 게스트 하우스가 있었다. 지나가는 차도 없고 사람을 만나기도 쉽지 않았다. 그래서 해가 지면 잠 잘 준비를 하다가 저녁 8시에 잠자리에 들었다. 한국에서 사역하면서 8시에 잠을 자는 것은 거의 불가능한 일이었지만 그곳에서는 가능했다. 저녁 8시에 잠을 자면, 보통 새벽 4시에 자연스럽게 몸이 깨어났다. 알람시계가 필요 없었다. 그렇게 생활하다보니 놀라울 정도로 몸이 건강해지고 기분이 상쾌했다. 잠을 잘 자는 것이 얼마나 중요한지 경험했다.

지난 내 삶을 돌아보면 잠을 못 자고 고생한 적이 두 번 있었다. 초등학생 시절에 아버지가 일하러 타지로 떠나신 적이 있다. 아버지가 집에 안 계실 때 나는 밤마다 잠을 못 잤다. 시골집이라 대문이 없었다. 방문 고리도 낡아서 잘 걸리지 않았다. 불안해서 도무지 잠을 잘 수가 없었다. 밤늦도록 잠이 안 왔다. 어쩌다가 잠깐 잠이 드는가 싶다가도 부스럭거리는 작은 소리에도 소스라치게 놀라서 깼다. 잠이 깨면 아침까지 그대로 뒤척이다가 일어나 학교에 갔다.

몇 달 뒤에 아버지가 돌아오셨는데 신기하게도 그날부터 잠을 잘 잤다. 시골집의 독특한 구조 때문에 아버지가 주무시는 방과 내 방이 멀리 떨어져 있었다. 아버지의 기척 소리가 들리지 않는데도, 한 집에 계시다는 사실에 안도하며 잠을 잘 잤다. 아버지는 존재 자체로 나를 편안하게 했다. 불면증 정도는 아니지만, 불안감 때문에 잠을 이루지 못한 시절이었다.

또 한 번 잠을 못 자는 시절이 있었다. 나는 민주화 운동권 학생으로 대학 생활을 시작했다. 학교 근처에서 자취하면서 낮에는 데모하고 밤에는 사회 과학 서적을 읽고 토론했다. 1학년 내내 같은 일을 반복했다. 2학년이 되자 사회 과학의 심화 과정을 공부했다. 그때부터 내 신앙과 충돌했다. 특히 유물론은 받아들일 수가 없었다. 많은 사람이 모인 중요한 모임에서 나는 분명하게 말했다.

"하나님은 살아 계십니다."

그러자 많은 비판과 비난 소리가 들려왔다. 그렇지만 내 신앙도 거기까지였다. 암울한 시대를 사는 기독 청년으로서 어떻게 해야 할지 갈 바를 알지 못했다. 나는 더 이상 학교를 다닐 수 없었다. 자취방에서 칩거했다. 내 신념을 따라서 여기까지 왔는데, 이제는 낭떠러지 끝에 있는 것 같았다. 밤마다 잠을 잘 수가 없었다. 자고 싶은데 잠이 안 드는 밤처럼 괴롭고 두려운 것이 또 있을까. 잠깐이나마 억지로 잠이 들려고 하면 어김없이 가위에 눌렸다. 그렇게 몇 달을 불면증으로 힘들게 보냈다.

새롭게 태어나다

가장 먼저 신앙을 회복하고 싶었다. 전에 캠퍼스에서 만난 예수전도단 간사님과 공부했던 성경공부 교재를 꺼내 혼자 공부하고 신앙서적도 읽었다. 성경도 읽었다. 그래도 여전히 밤에는 잠이 오지 않았고, 불안감이 계속되었다. 그날 밤도 잠이 오지 않아서 뒤척이다가 간사님이 빌려준 책을 읽었다. '성령세례'에 관한 책이었다. 책을 읽을수록 마음 한 편에서 변화가 일어났다. 천천히 계속 읽었다. 책의 후반부에 성령세례를 받기 원하면 따라하라는 내용이 있었다. 나는 책에 나와 있는 순서를 그대로 따라했다.

"입을 넓게 열겠습니까?"라는 저자의 질문에 "예!"라고 대답하며 입을 열었다. 그때 갑자기 방언이 터져 나왔다. 성경공부 시간에 간사님이 방언으로 기도하는 것을 들었기 때문에, 내 입에서 나오는 소리가 방언임을 쉽게 알 수 있었다. 방언으로 계속 기도하는데, 내 몸이 점점 따뜻해졌다. 조금 뒤에 감당할 수 없는 큰 기쁨이 마음속 깊은 곳에서 밀려왔다. 감사와 기쁨의 눈물이 한없이 쏟아졌다. 방언으로 찬양하고 기도하기를 계속했다. 주인집에 들릴까봐 이불을 뒤집어쓰고 감격스러운 예배를 드렸다. 그러다가 잠이 들었다.

다음 날 아침에 나는 다른 사람이 된 것 같았다. 마침 부엌에 먹을 음식이 아무것도 없었다. 그 당시에 나는 대인 공포증 증세도 생겨서 거의 외출하지 않았었다. 가끔 밖에 나가도 가까운 동네 가게는 가지 않았다. 물건을 파는 사람과 얼굴을 마주치는 것이 두렵고 힘들어서였다. 그런데 그날 아침에 일부러 가까운 동네 가게에 갔다. 아주머니와 눈이 마주쳐도 얼굴이 화끈거리지 않는지 궁금했다.

의외로 "안녕하세요?"라는 인사도 자연스럽게 나왔다. 아무렇지 않게 찬거리를 사와서 맛있게 밥을 해먹었다. 완전히 새로운 하루가 시작된 기분이었다. 가게를 갔다 오는 길에서도 찬양이 계속 나왔다. 환한 가을 햇살이 눈부시게 빛났다. 언덕 위에서 억새가 춤을 추었다. 길가의 돌들도 웃었다. 구름도 내게 미소 지었다.

만왕의 왕이신 하나님이 나를 찾아오시다니 감격이었다. 자취방에 꽁꽁 숨은 나를 잊지 않고 찾아오시다니. '하나님은 분명 사랑이시구나'를 절절히 깨달았다. 내 속에서 터져나오는 기쁨이 그 증거였다. 그날 밤에도 방언으로 찬양하며 기도하다가 잠이 들었다. 그날 이후로 불면증은 사라졌다.

불면증이 사라진 이유가 무엇일까. 그 후 하나님을 더 알게 되면서 그 이유를 깨닫게 되었다. 하나님은 항상 나를 사랑하셨다. 그런데 내가 그 사랑을 깨달았을 때에야 비로소 그분이 나를 사랑한다고 믿게 되었다는 것을 알았다. 그전까지 나는 살아 계시는 하나님을 믿었지만 하나님이 나를 개인적으로 사랑하신다는 것을 몰랐다.

이제 그 사랑을 체험하고 그 사랑이 주는 평안함으로 인해 잠을 잘 자게 된 것이다.

하나님이 사랑하시는 자에게 잠을 주신다는 성경 말씀도 마찬가지다. 하나님은 모든 사람에게 평안한 잠을 주기 원하신다. 그런데 하나님을 믿고 그분의 말씀을 따라 사는 사람들이 평안한 잠을 자게 된다. 즉 하나님의 사랑을 받아들이는 사람이 잠을 잘 잔다는 말이다. 따라서 잠을 잘 자려면, 하나님과 맺는 사랑의 관계가 필수적이다. 하나님을 사랑하는 자가 그분의 사랑을 입는다. 하나님은 사랑하는 사람에게 잠을 주신다. 하나님을 사랑하는 사람들은 평안한 잠을 잔다.

그러므로 여호와께서 그의 사랑하시는 자에게는 잠을 주시는도다
시편 127편 2절

하나님의 뜻대로 가정을 세우는 사람을 하나님이 사랑하신다. 그 사랑의 증거로 편안한 잠을 주신다. 성경의 원칙을 따르면서 가정을 지키는 사람은, 하나님을 믿고 마음 편하게 잠을 잘 수 있다. 그분이 집을 지켜주시고 성을 세워주실 것이기 때문이다. 그런데 이 구절은 자녀의 정체성을 강조하는 다음 단락으로 연결되어 있다.

자식은 주님께서 주신 선물이요,
태 안에 들어 있는 열매는, 주님이 주신 상급이다.

젊어서 낳은 자식은 용사의 손에 쥐어 있는 화살과도 같으니,

그런 화살이 화살통에 가득한 용사에게는 복이 있다.

그들은 성문에서 원수들과 담판할 때에,

부끄러움을 당하지 아니할 것이다.

시편 127편 3-5절(새번역성경)

이 두 단락은 어떤 상관관계가 있을까? 나는 오랫동안 이 부분이 궁금했다. 하나님이 사랑하는 자에게 잠을 주시는데 갑자기 '자녀는 선물이고 상이며 화살이다. 이것이 많은 자는 복되다'라고 하는데, 도대체 단잠과 자녀와는 무슨 연관이 있단 말인가.

사람은 언제 잠을 못 자는가. 걱정과 근심이 많을 때다. 무언가 두려움과 불안에 사로잡힐 때다. 무엇 때문에 부모는 잠을 잘 수 없을 정도로 걱정하고 근심하는가. 부모를 잠 못 이루게 할 정도로 두렵게 하고 불안하게 하는 일은 어떤 일인가.

예수님은 큰 광풍과 파도 속에서도 편안하게 주무셨다. 배가 잠길 정도로 물이 들어오자 제자들은 죽게 되었다며 불안해서 어쩔 줄 몰라 했다. 제자들은 두려움에 사로잡혀 예수님을 깨웠다. 그들 중에는 한평생을 바다에서 보낸 어부들도 있었으므로 그 판단은 틀리지 않았을 것이다. 제자들이 예수님을 깨웠다. 그때서야 일어나신 예수님은 먼저 바람을 꾸짖어 잠잠케 하셨다. 바람과 풍랑이 예수님의 명령에 순종해서 아주 잔잔하게 되었다. 그다음에 제자들에게 말씀하셨다.

"왜 무서워하느냐? 왜 믿음이 없느냐?"

제자들이 두려워하고 무서워한 이유가 믿음이 없기 때문이라고 예수님은 말씀하셨다. 나는 성경에서 이 부분(마 8:23-27, 막 4:35-41)을 읽을 때마다 예수님을 닮고 싶다는 생각을 한다. 풍랑과 파도 속에서도 편하게 주무시는 예수님의 믿음을 말이다. 예수님은 무엇에 대한 믿음을 강조하신 걸까? 하나님 아버지가 함께하신다는 믿음이다. 그 믿음이 있기 때문에 예수님은 눈에 보이는 환경을 두려워하지 않았다.

우리는 세상에서 아이들을 삼킬 듯이 몰려오는 세찬 바람과 큰 파도를 본다. 그것들은 쉴 새 없이 밀려온다. 우리 아이들이 이 세상에 살고 있기에 그 위험과 어려움을 피할 수 없다. 그 속에서도 예수님처럼 평안할 수 있다면 얼마나 좋겠는가.

자녀는 하나님의 선물이고, 부모의 상이며, 하나님나라의 군사다. 우리 자녀들이 신분에 걸맞은 삶을 살도록 도와주실 하나님을 믿고 축복하라. 그런 부모는 행복하고, 자녀를 기르는 것이 즐겁다. 세속의 가치와 논리로 원수가 시비를 걸 때도 수치를 당하지 않는다. 하나님의 진리가 자녀를 지켜주고, 하나님의 말씀이 자녀를 세워준다. 그래서 부모는 잠을 잔다. 자녀가 몇 명이라도 편안한 잠을 잔다.

큰아들이 네 살이었을 때, 이사를 했다. 새로운 동네에서 친구들을 만난 지 일주일 만에 아들은 욕을 배워서 들어왔다. 어린아이가 사용하기에는 너무나 심한 표현이었다. 아이는 그게 나쁜 말인지도 몰랐다. 골목에서 함께 노는 아이들이 모두 같은 말을 사용하고 있었다. 그곳에서 최소한 몇 달은 더 살아야 하는데 조금은 걱정이 되었다. 그렇다고 동네 아이들과 어울려 놀지 못하게 할 수는 없으니 대신 바른 말을 가르칠 기회로 삼았다. 언어 사용의 문제쯤은 얼마든지 집에서 가르칠 수 있다는 생각에 잠을 못 이룰 정도로 걱정하지는 않았다.

자녀에게 가르쳐야 할 두 가지

우리 가정은 2000년에 한국에 돌아오면서 홈스쿨을 시작했다. 공교육을 신뢰하지 않아서는 아니다. 남편도 나도 학교를 좋아한다. 둘 다 줄곧 개근상을 받을 정도로 학교생활을 즐거워했다. 우리 가족이 홈스쿨을 한 첫 번째 이유는 더 이상 전학 보내기가 싫어서였다. 큰아들은 초등학교를 다닌 4년 동안에 전학을 세 번 했다. 우리 부부가 사역 때문에 옮겨다녀야 하는 기간과 아들의 초등학교 기간이 정확하게 겹쳤다. 한국에 돌아와서 다시 전학을 시키려니 망설여졌다. 또 한 가지 이유는 어린 시절의 행복을 지켜주고 싶었다.

그런데 홈스쿨을 하는 첫 1년 동안 나는 잠을 못 잤다. 이것이 최선이라는 확신이 없었다. 잠이 오지 않아서 옆에서 자고 있는 남편을 수시로 깨웠다.

"여보, 우리가 잘하고 있나요?"

"응? 무슨 일이야? 무슨 일이 있었어?"

"우리 홈스쿨하는 게 걱정돼요. 당신은 잠이 오나요?"

"아, 난 또 뭐라고. 걱정하지 마! 잘하고 있어. 잘될 거야."

홈스쿨을 시작한 1년 동안 우리 부부가 반복적으로 나눈 대화다. 잠결에도 남편은 걱정하지 않았다. 하긴 걱정하지 않으니 잠을 잘 잤을 것이다.

어느 날 성경을 묵상하는데, 앞서 말한 풍랑이 몰려오는 배에서 주무시는 예수님이 나오는 본문이었다. 믿음이 있어야 한다는 예수님의 말씀을 붙들고 하루 종일 기도했다. 하나님이 우리와 함께하신다는 믿음이 나에게 필요했다. 기도하면서 그동안의 과정을 하나씩 점검해보니 하나님이 우리와 함께하신다는 증거가 확실했고 분명했다. 하나님이 아이들의 교육을 도와주신다면 우리도 할 수 있다는 믿음이 내 속에서 일어났다. 내가 조금씩 안정을 찾아갔다. 그래도 충분하지 않았다. 무엇인가 빠져 있었다. 또 하나의 걱정거리가 있었다.

'무엇을 가르쳐야 하나?'

내가 잘 가르칠 수 있는 것을 가르쳐야 하는데, 그것이 무엇일까? 아이들이 공부하는 시간에 혼자 방에서 성경을 읽는데, 이전부터 잘 알고 있던 본문이 그날따라 마음에 새겨지듯 선명하게 이해되었다.

이스라엘아 들으라
우리 하나님 여호와는 오직 유일한 여호와이시니
너는 마음을 다하고 뜻을 다하고 힘을 다하여
네 하나님 여호와를 사랑하라

오늘 내가 네게 명하는 이 말씀을 너는 마음에 새기고

네 자녀에게 부지런히 가르치며

집에 앉았을 때에든지 길을 갈 때에든지

누워 있을 때에든지 일어날 때에든지

이 말씀을 강론할 것이며

너는 또 그것을 네 손목에 매어 기호를 삼으며

네 미간에 붙여 표로 삼고

또 네 집 문설주와 바깥 문에 기록할지니라

신명기 6장 4-9절

내가 오늘 너희에게 명하는 내 명령을

너희가 만일 청종하고

너희의 하나님 여호와를 사랑하여

마음을 다하고 뜻을 다하여 섬기면

여호와께서 너희의 땅에 이른 비,

늦은 비를 적당한 때에 내리시리니

너희가 곡식과 포도주와 기름을 얻을 것이요

또 가축을 위하여 들에 풀이 나게 하시리니

네가 먹고 배부를 것이라

너희는 스스로 삼가라 두렵건대 마음에 미혹하여

돌이켜 다른 신들을 섬기며 그것에게 절하므로

여호와께서 너희에게 진노하사

하늘을 닫아 비를 내리지 아니하여

땅이 소산을 내지 않게 하시므로

너희가 여호와께서 주신 아름다운 땅에서

속히 멸망할까 하노라

이러므로 너희는 나의 이 말을

너희의 마음과 뜻에 두고

또 그것을 너희의 손목에 매어 기호를 삼고

너희 미간에 붙여 표를 삼으며

또 그것을 너희의 자녀에게 가르치며

집에 앉아 있을 때에든지,

길을 갈 때에든지, 누워 있을 때에든지,

일어날 때에든지 이 말씀을 강론하고

또 네 집 문설주와 바깥 문에 기록하라

그리하면 여호와께서 너희 조상들에게

주리라고 맹세하신 땅에서

너희의 날과 너희의 자녀의 날이 많아서

하늘이 땅을 덮는 날과 같으리라

신명기 11장 13-21절

신명기 말씀을 차근차근 읽어보니, 자녀들에게 부지런히 가르쳐야
할 내용이 두 가지였다.

첫째, 하나님은 유일하시다.

둘째, 그 하나님을 사랑하라.

이것은 내가 가르칠 수 있었다.

'하나님은 오직 한 분이시다. 아이들이 배워야 하는 모든 학문과 교육의 중심은 창조주 하나님이시다. 그 하나님을 전심으로 사랑하도록 양육하자.'

하나님을 모르는 교육은 헛되다는 믿음은 처음부터 있었다. 그런데 신명기 말씀을 읽으면서 하나님을 사랑하는 것이 교육의 중심인 것을 분명하게 알게 되었다.

'왜 걱정했는가?'

하나님이 우리 가정과 함께하신다는 믿음이 부족해서 걱정했다.

'무엇을 걱정했는가?'

내가 잘 가르칠 수 있는 것을 찾지 못해서 걱정했다.

하나님 아이로 키우면 평안하게 잔다

지난 25년 동안 세 자녀의 엄마로 살면서 내가 배우고 깨달은 잠과 자녀양육의 관계는 이것이다. 자녀를 향한 하나님의 뜻을 알고 그 뜻을 따라 양육하는 부모를 하나님이 도우신다. 하나님의 말씀을 믿고 그 말씀대로 가르치는 부모를 하나님은 사랑하신다. 그런 부모들에게 달콤하고 포근한 잠을 주신다. 하나님의 뜻이 자녀를 이끌고 하나님의 말씀이 자녀를 지킨다고 믿는 부모는, 염려와 불안함 없이 즐겁고 편안하게 자녀를 양육한다. 그런 아빠의 밤은 두렵지 않고 그런 엄마의 잠은 달콤하다.

또한 하나님의 말씀을 따라 자녀를 양육하기로 결정한 부모들은 하나님을 의지한다. 그래서 기도한다. 자녀를 지켜달라고 기도하는 부모, 가정을 세워달라고 요청하는 부모를 하나님은 기뻐하신다. 자녀를 향한 하나님의 뜻을 알게 해달라고 기도하는 부모, 자녀를 바르게 양육하는 지혜를 구하는 부모에게 하나님은 응답하신다. 그런 부모는 단잠을 잔다. 하나님이 기도를 들으시기 때문이다.

그러나 세상 욕심을 버리지 못하고, 세속적인 교육철학으로 자녀를 양육하는 부모는 잠을 이루지 못한다. 가족을 위해서 하루 종일 고생하고, 밤새 깨어 있어도 그 수고가 헛되다. 자녀를 향한 하나님의 계획과 뜻을 모른다면 헛되고, 자녀를 양육하는 올바른 방법을 따르지 않는다면 그 수고는 참으로 헛되다. 잠을 자도 편하지 않고 일을 해도 불안하다.

하나님께서 자녀를 부모에게 맡기셨다. 기본적으로 부모의 역할이고 책임이다. 우리 아이들을 직접 가르치는 동안 어려운 일은 계속 있었다. 피해 다닐 수 없었다. 그렇지만 눈에 보이는 현실보다도 하나님이 우리 가정을 지켜주시고 세워주신다는 믿음이 나를 평안하게 했다. 사랑의 하나님이 날마다 행복한 잠을 주셨다.

강의와 사역으로 아이들과 함께 여행하면, 온 가족이 한 방에서 잠을 자는 경우가 대부분이다. 2004년에 미국에서 캠퍼스 워십 투어를 준비하면서 날마다 다른 도시로 이동해야 하는 장거리 여행을 했다. 샌프란시스코 투어를 끝내고 다음 날 오레곤주 세일럼에 가야 했다. 약 10시간을 운전해야 하는 거리여서 아침 일찍 출발했다.

남편이 운전해서 가고 있는데, 막내아들이 갑자기 큰 나무가 보고 싶다고 말했다. 우리가 가는 길에서 가까운 곳에 아주 큰 나무가 모여 있는 공원이 있다면서 책 한 권을 보여주었다. 그리고 그곳에서 영화 〈스타워즈〉를 촬영했다고 조용히 힘을 주어 말했다. 막내아들은 여행을 다닐 때 그 지역에 관한 책을 항상 갖고 다니면서 즐겨 읽었다. 아빠가 운전하는 노선을 지도에 표시해서 그 주위에 무엇이 있는지 확인하는 일을 좋아했다. 게다가 〈스타워즈〉를 아주 아주 좋아하던 막내아들이 촬영지역을 가고 싶어 하는 것도 당연했다.

차를 멈추고 자료를 찾아보니, 미국 서부에 있는 레드우드 국립공원이었다. 레드우드 국립공원에 가고 싶은 마음을 표현하면서도 막내는 더 많은 시간을 운전해야 하는 아빠를 걱정했다. 남편은 두말하지 않고 운전 방향을 틀었다. 정말 큰 나무들이 많았다. 우리 가족이 모두 손을 잡아도 감쌀 수 없는 나무도 있었다. 산 전체가 이끼로 뒤덮인 지역도 있었다. 〈스타워즈〉 영화의 한 장면을 보는 것 같았다. 하루 종일 행복하고 즐거운 시간을 보냈다. 그날 차에 동행했던 간사가 자녀 사랑을 어떻게 하는지 배웠다는 이야기를 했다.

지도상으로 가까운 거리였지만 실제 운전 시간은 거의 배가 늘어났다. 중간에 공사 구간을 지나가야 했고, 산길을 운전해야 했다. 10시간이면 되는 거리를 20시간 운전해서 밤늦게 다음 숙소에 도착했다. 우리 가족은 손을 잡고 취침 기도를 하다가 모두 쓰러져 잠이 들었다.

다음 날 아침에 내가 일어나보니, 아이들 세 명과 남편이 한데 뒤엉켜 잠이 들어 있었다. 막내는 무슨 꿈을 꾸는지 잠꼬대를 하고, 남편은 그날도 웃으며 자고 있었다. 그 모습을 나는 지금까지 잊지 못한다. 서로 사랑하는 가족에게 하나님이 평안한 잠을 주신다.

5

끝까지
승리하는
가정

"이것이 그의 화살통에 가득한 자는 복되도다 그들이
성문에서 그들의 원수와 담판할 때에 수치를 당하지
아니하리로다(시 127:5)."

chapter

13

—

성문에서
원수와 담판하라

지금까지 자녀와 부모에 대해 다루었는데, 이제 승리하는 가정의
모습과 자자손손 축복이 흐르게 하는 모습에 대해 나누고자 한다.

젊은 자의 자식은 장사의 수중의 화살 같으니

이것이 그의 화살통에 가득한 자는 복되도다

그들이 성문에서 그들의 원수와 담판할 때에

수치를 당하지 아니하리로다

시편 127편 4,5절

큰아들이 한국에서 초등학교 1학년을 마쳤을 때, 우리 부부의 사
역 때문에 미국에 가야 했다. 국제 예수전도단 선교전략센터가 있는

콜로라도 스프링스에 가기 전에 시애틀에서 온 가족이 6개월 정도 적응하는 시간을 갖기로 했다. 동생 두 명은 집에 있길 원했지만, 큰아이는 학교에 다니고 싶어 했다. 그래서 미국의 초등학교에서 1학년 과정을 다시 다니게 되었다.

영어를 전혀 하지 못하는 아들에게 새로운 학교에서 적응하는 일은 쉽지 않았다. 같은 나라에서도 전학 가서 적응하는 것이 아이에게 쉽지 않은데 심지어 언어와 문화가 다른 나라로 왔으니 얼마나 힘들었겠는가.

큰아들은 한국의 학교에서는 발표도 잘하고, 학교생활에 적극적으로 참여했는데, 미국에 오니 영어를 알아듣지 못해 많이 힘들어했다. 더구나 학생들 대부분이 백인이었고, 아시아 학생은 몇 명 되지 않는 학교였다.

새로운 환경에 멋지게 적응하다

아들은 간혹 울면서 집에 돌아오곤 했다. 어떤 날은 내려야 할 정거장을 놓쳐서 다른 동네로 가는 날도 있었다. 새로운 학교에 다닌 지 한 달이 지났는데도 한국에 있는 친구들이 보고 싶다고 했다.

"학교에 가면 어떻게 노니?"

"혼자 철봉에 거꾸로 매달려 한국 생각을 해요."

어느 날은 아이가 다니던 제주동초등학교 앞 백합문방구 아저씨가 보고 싶다고 하고, 1학년 담임선생님에게 카드를 보내자고 하는 날도 있었다. 한국을 그리워하는 것은 당연한 일이지만, 새로운 환경에서 적응하는 힘을 갖도록 도와주어야 했다. 영어는 못하지만 자기가 바보가 아닌 것을 미국 친구들에게 스스로 증명해야 했다.

'잘하는 게 무엇이 있을까. 그것을 증명하려면 어떻게 해야 할까.'

나는 기도하면서 하나님의 인도하심을 구했다.

어느 날, 불현듯 한 가지 생각이 떠올랐다. 아이는 1학년을 다니면서 종이접기 특활활동을 했다. 담임선생님이 종이접기에 관심이 많은 분이셨다. 1년 동안 종이로 접은 작품들도 꽤 많았다. 미국에 오면서 그중에 몇 개를 골라왔고 남아 있던 색종이와 종이접기 교본을 가져왔다. 종이접기 작품을 학교에 가서 친구들에게 선물로 나눠주라고 했다.

아들은 다음 날 기분 좋게 웃으면서 집에 돌아왔다. 친구들이 종이 작품을 열광적으로 좋아했다는 것이다. 미국에도 종이접기가 있었는데 색종이가 두껍고 품질이 떨어져서 한국처럼 다양하고 세밀한 작품을 만들 수 없었다. 아들의 반 친구들이 한국에서 가져온 개구리와 새, 꽃 등 여러 종이 작품을 보고 좋았던 모양이다. 그날부터 아들은 날마다 종이를 접었다. 그리고 아이의 학교생활이 달라지기 시작했다. 그렇게 친구들도 사귀고 학교생활에 차츰 적응하는 것 같았는데 어느 날부터 종이접기의 개수를 줄였다.

"왜 요즘은 몇 개만 접니?"

"다 생각이 있어요."

지금까지는 보통 30개를 접어서 모두 나눠주었는데, 옆에서 가만히 보니 15개 정도만 접어서 의아했다. 개수를 줄인 게 궁금했지만, 아이를 믿고 기다렸다. 며칠 뒤에 학부모 모임이 있어서 학교에 갔다 온 남편에게서 놀라운 이야기를 들었다. 미국인 아이들이 아들에게서 종이접기 한 작품을 받으려고 두 손을 내밀고 줄을 서 있다는 이야기였다. 집에 돌아온 아들에게 물어보았다.

"왜 아이들이 네 앞에서 줄을 서니?"

"며칠 전부터 내 마음에 드는 친구에게만 종이접기 한 것을 주고 있어요. 아이들이 서로 받고 싶어서 나에게 잘하고 있어요. 하루 전에 나에게 잘한 아이들에게 주는 거예요. 영어를 못해도 내가 바보가 아닌 것을 모두 알게 되었어요."

처음에는 종이를 몇 개만 접어서 자기에게 잘하는 친구들에게 주다가, 점점 반 친구들에게 골고루 나눠주기 시작했다. 날마다 교대로 나눠준다고 했다. 새로운 환경에서 멋지게 적응하는 아들을 보면서 나는 안쓰럽기도 하고 대견하기도 했다. 아빠는 자랑스러워하면서 급하게 한국에 연락해서 색종이 한 박스를 받았다.

성문을 차지하는 아이

아이들이 자신감을 갖도록 키워야 한다. 자신감이 있어야 어떤 상황에서도 적응할 수 있고, 성문에서 원수와 담판할 때 이길 수 있기 때문이다. 자녀교육의 궁극적 목적은 세상에서 승리하도록 돕는 것이다. 성 안에서 복음의 능력으로 승리하고, 성의 입구인 문에서도 원수와 담판할 때 승리해야 한다. 우리 아이들이 군사이기 때문에 강하게 양육해야 한다. 부모가 대신 살아주는 인생이 아니다. 아이들이 스스로 적응하고 생존하여 영향력을 끼치도록 키워야 한다. 따라서 정신적으로 건강하여 자신감을 갖는 게 무엇보다 중요하다.

우리 아이들을 키워서 성으로 보내고 또 성문에 보내야 한다. 성문은 어떤 곳인가? 원수를 만나는 곳이다. 원수는 누구이고 또 무엇인가? 원수와는 어떻게 담판하며 그 결과는 어떠해야 하는가?

이것이 시편 127편이 말하는 자녀양육의 목적이고 목표이다.

성경이 기록된 당시의 성문은 지도자들이 모여서 법을 정하는 곳이고, 백성의 장로들이 앉는 곳이다. 성 안에 사는 사람들에게 영향력을 주는 중요한 일이 성문에서 결정된다. 그 성문에서 원수와 담판한다는 말은, 누가 성을 차지할 것인지 판결한다는 뜻이다. 고대 사회에서 어떤 왕이 성을 다스릴 것인가를 결정하는 것과 같다. 누구든지 전쟁에서 이긴 왕이 성을 다스리게 된다.

오늘날의 성문에 하나님을 사랑하는 신실한 그리스도인이 앉아야 한다. 성을 뺏으려는 원수와 담판한 결과는 우리 삶에 지대한 영향을 미친다. 마치 국회에서 의로운 법과 불의한 법 중에서 어떤 법을 통과시키는가에 따라서 국민들 삶의 질이 결정되는 것과 같다.

가정에서 부모가 결정하는 양육과 교육에 대한 철학이 자녀의 행복과 불행을 좌우한다. 학교에서 교사가 무엇을 가르치느냐에 따라 학생의 세계관은 달라진다. 수없이 많은 것을 우리는 성문에서 원수와 담판해야만 한다. 국가와 사회, 가정과 개인의 생명과 멸망이 성문에서의 결정에 달려 있다.

이 땅을 누가 점령할 것인가? 그리스도의 사람인가? 마귀의 자녀인가? 세상에서 무엇이 승리할 것인가? 진리인가? 거짓인가? 인생의 주인을 누구로 모실 것인가? 하나님인가? 돈인가? 자녀에게 무엇을 가르칠 것인가? 성경의 원칙인가? 세상 이론인가?

정의와 공평과 진리가 승리할 때 우리는 수치를 당하지 않는다. 의의 왕이 다스리도록 판결이 날 때 원수는 수치를 당한다. 사랑의 법칙과 성경의 원칙을 선택할 때 우리는 웃으면서 편히 잠들 수 있다.

또 성문은 사람들이 출입하는 곳이다. 그 문으로 사람들이 들어오고 나간다. 벽을 허물거나 담을 넘어서 출입하는 것은 비정상이지만, 문으로 다니는 것은 지극히 상식적이고 정상이다. 사람들이 오가면 그들의 문화와 영향력이 함께 오간다.

어떤 문화든지 들어오는 문이 있다. 그 문을 통해 나쁜 문화가 들어와 확산되기도 하고, 하나님께 영광을 돌리는 좋은 일들이 진행될 수도 있다. 이 결정과 선택은 문을 차지한 사람에게서 나온다. 성문을 정복한 세력이 영향력을 갖게 된다. 하나님은 우리에게 성을 차지하라는 명령을 하시고, 그 문을 주시겠다는 약속도 하셨다. 원수인 마귀도 이 문을 차지하려고 집중한다. 그래서 이곳에서 전쟁이 일어난다. 이삭을 바치라는 시험에서 승리한 아브라함에게 하나님은 그의 아들이 대적의 성문을 차지하게 해주겠다고 약속하셨다.

여호와께서 이르시기를 내가 나를 가리켜 맹세하노니

네가 이같이 행하여 네 아들 네 독자도 아끼지 아니하였은즉

내가 네게 큰 복을 주고 네 씨가 크게 번성하여

하늘의 별과 같고 바닷가의 모래와 같게 하리니

네 씨가 그 대적의 성문을 차지하리라

창세기 22장 16,17절

부르심을 성취하는 두 가지 방법

세상에서 빛과 소금으로 살기 원하는 그리스도인이 부르심을 성취하는 방법은 크게 보면 두 가지가 있다.

첫째, 성문에서 하나님나라를 시작한다.

둘째, 성안에서 하나님나라를 확산한다.

하나님의 나라를 확산하는 사람은 체계적이고 추진력이 있어야 한다. 반면에 하나님의 나라의 새로운 일을 개척하는 사람은 창의적이고 적응력이 뛰어나야 한다. 확산하는 사람은 세상 안에 들어가서 빛으로 사는 사람이고, 개척하는 사람은 세상의 문을 차지하는 사람이다.

각 영역에서 성실하게 사는 그리스도인들이 많다. 그들은 헌신된 삶을 살면서 우리나라의 구석구석까지 하나님나라를 확산했다. 앞으로 창의적으로 좋은 일을 시작하는 사람들이 많이 나오기를 기도한다.

이 두 가지 성향의 부르심을 이루려면 서로 다른 종류의 교육이 필

요하다. 확산하는 사람은 공교육이 적당하다. 세상 사람들이 쉽게 이해하고 인정하는 교육 배경에서 그리스도인으로 성장해야 한다. 개척자는 홈스쿨을 비롯한 창의적인 교육 배경이 도움이 된다. 물론 개인의 차이는 있다. 어느 방법으로 하나님의 일을 하든지 모두 귀한 부르심이다.

우리 세 아이들은 선교단체에서 사역하는 간사 가정에서 자라났고, 홈스쿨로 교육을 받았다. 각 문화적 영역에서 자유롭고 역동적으로 일하게 되기를 소망한다. 이제는 이런 그리스도인이 각 문화 영역에서 많이 나와야 한다. 또한 공교육의 시스템 안에서 성장한 그리스도인들이 사회 각 영역에 계속 진출하면 좋겠다. 복음의 열매를 확산하고 정착하는 사람이 멈추면 안 된다.

한 가정에서 자란 아이들도 성향과 비전이 다르다. 우리 세 아이 중에서 큰아들은 성문에서 원수와 담판하는 것이 어울리고, 막내아들은 성 안에서 빛으로 사는 삶이 더 맞을 것 같다. 아직은 확실하지 않지만, 내 눈에는 그렇게 보인다. 각각의 부르심이 적당하고 귀하다.

한국 기독교 선교의 초기에는 개척자들이 많았다. 고아원, 학교, 병원, 언론 기관 등 여러 분야에서 많은 일을 시작했다. 근현대사 초기에 기독교적 가치로 무장한 창의적인 그리스도인이 한국 근대화의 문을 열었다.

1960년대를 지나면서 한국 경제가 성장했다. 이 시대에는 많은 그리스도인이 국가의 시스템 안에 들어가서 빛을 발하며 성장을 주도

했다. 객관적으로 확인이 가능한 학위와 교육 배경을 가진 그리스도인이 많았다.

이제 다시 각 영역에서 하나님나라의 영향력을 일으키는 사람이 필요한 시대가 되었다. 다시 한 번 창의적인 예수님의 제자가 일어나기를 소망한다. 이런 사람이 성문에서 원수와 담판하면 승리한다.

원수는 어둠의 영이고 악한 마귀이다. 성문으로 나가는 우리 자녀들이 쉽고 편안한 길을 걸어가는 것이 아니다. 우는 사자처럼 울부짖는 원수와 싸우러 간다. 싸움의 상대를 정확히 알면 어떻게 무장할지 방법이 나오고, 무엇을 준비할지 내용이 나온다. 성문으로 나가는 자는 정신력이 강해야 한다. 적응력이 뛰어나야 한다. 어려서부터 그렇게 키워야 한다. 아이들을 편하게만 키우면 자기도 모르게 심신이 약해진다. 조금 불편하고 어려워도 사랑으로 훈련하면, 처음에는 힘이 들어도 적응하면서 아이들이 쉽게 따라온다.

원수는 무엇인가? 세속의 가치, 하나님나라를 대적하는 세계관, 교만하여 높아진 사상들, 죄를 짓도록 충동질하는 음란한 문화, 폭력을 자연스럽게 노출시키는 미디어, 진리를 혼동하게 하는 거짓 메시지 등 아주 많다. 우리 아이들이 날마다 접촉하는 세상의 성문에는 이런 원수가 노리고 있다.

나는 우리 아들과 딸이 정신력이 강한 아이들이 되기 원했다. 누군가의 말 한 마디에 상처를 받고 주저앉는다면 성문에서 어떻게 원수와 싸우겠는가?

자신감을 키워주라

우리 가족은 시애틀에서 6개월을 보내고 콜로라도 스프링스로 이사했다. 큰아들은 어린 나이에 다시 한 번 새로운 학교로 전학을 갔다. 다행히 그곳에서는 밝고 착한 아이의 이미지를 갖고 학교생활을 시작했다. 영어가 어느 정도 되었기 때문에 모든 교과목을 똑같이 따라하려고 했다.

그리고 정말 좋은 담임선생님을 만났다. 어느 날 학교에 갔더니 선생님의 탁자에 《KOREA》라는 아주 큰 책이 놓여 있었다. 여러 페이지를 공부한 흔적이 있었다. 담임선생님이 한국 학생을 처음 가르치는데, 한국을 알기 위해 개인적으로 공부하고 있다고 했다. 그 선생님은 우리 아들이 무엇을 잘하는지 유심히 살펴보며 도움을 주었다.

교실에 두 대의 아이맥(iMac)이 있었다. 아들은 어렸을 때부터 아빠가 사용하는 컴퓨터에 관심이 많았다. 한국에 있을 때부터 어린 나이에 인쇄물을 작성하고 출력하는 일을 쉽게 했다. 아들이 애플 컴퓨터를 잘 다루는 것을 알고 선생님이 기회를 주었다. 다른 학생들이 컴퓨터를 사용할 때, 아들이 도와주도록 한 것이다. 그래서인지 순탄하게 학교생활에 적응했다. 지금도 그 선생님께 감사한 마음이 있다.

3학년이 되었을 때, 어느 날 학교에서 연락이 왔다. 얌전하던 아들이 다른 친구들과 싸움을 자주 한다는 이야기였다. 3학년 담임선생님도 최대한 아들을 이해하려고 했지만, 친구들과 싸우는 것을 그냥 두고볼 수 없었다. 우리 부부와 선생님이 함께 원인을 찾아보았다.

영어를 잘하게 된 것이 싸움의 원인이었다. 그동안 언어 문제로 참는 일이 많아서 조용한 아이라는 이미지가 있었는데, 이제는 분명하게 자기 의사 표현을 하다보니 아이들과 충돌하는 경우가 종종 있게 되었다.

"주먹을 치고받는 싸움을 해서는 안 된다. 하지만 말로 하는 논쟁은 허락하기로 선생님과 결정했으니 네 의사를 분명히 표현하거라."

아빠의 말을 듣고 드디어 아들은 싸움을 멈췄다. 두 번째 학교에서는 종이접기를 하지 않았다. 아이들과 어울려 함께 놀면서 자신감을 갖고 대화하며 친구를 사귀었다. 아들이 또다시 새로운 환경에 잘 적응했다.

아이들의 자신감은 부모가 키워준다. 아이의 성장 과정을 이해하고 상황을 알아본 다음에 충분하게 격려해야 한다. 허락할 것은 허락해줘야 한다. 조금 벗어난 행동도 이유가 있다. 무조건 충동적으로 야단을 치면, 문제도 해결되지 않고, 아이들의 자신감도 떨어진다.

큰아들은 정서적으로 안정되어 자신감을 갖고 학교생활을 더 잘했다. 남편의 미국 사역이 끝났기 때문에 4학년 때 한국에 돌아왔다. 우리 부부는 아들이 성문에서 원수와 담판할 사명이 있다는 것을 조금씩 알기 시작했다. 시스템이 확고한 성안에 들어가서 빛을 발하기보다는 창의적인 영역에서 하나님께 영광을 돌리는 삶이 이 아이에게 더 적절했으므로 그때부터는 홈스쿨 교육이 도움이 되었다. 거기에 영성 훈련을 강화했다.

난독증을 극복한 이야기

큰아이는 3년 동안 예수전도단 킹스키즈에서 어린이 제자훈련을 받았다. 집에서 엄마와 성경을 공부하고, 킹스키즈에서 묵상과 기도 훈련을 받으면서 영적 기반이 튼튼하게 만들어졌다. 나는 아들이 성경을 잘 아는 군사로 성장하기를 바랐다. 그래서 성경을 읽고 공부하는 일을 강조했다.

그런데 어느 날부터 영어뿐 아니라 한글도 잘 읽지 못했다. 다른 단어로 읽기도 하고, 중요한 문장을 건너뛰기도 했다. 한글로 교육을 받다가 영어로 바꾸었고, 다시 한국어로 공부해야 하는 중압감 때문인지 난독증 증세가 나타났다. 난독증에 대하여 여러 자료를 읽고 집중적으로 연구했다. 아들이 이해되었지만, 책을 자유롭게 읽지 못한다는 것이 마음에 걸렸다.

남편은 이번에도 크게 걱정하지 않았다. 눈으로 읽지 못하면 귀로 들으면 된다는 주장이었다. 그때부터 아들은 성경을 듣기 시작했다. 한국어 오디오 성경이 없었지만, 다행히 영어 오디오 성경 CD는 우리 집에 있었다. 경험이 없었기에 성경을 읽지 않고 듣기만 해도 되는지 확신할 수 없었지만, CD를 틀어주니 아들은 성경을 들으면서 좋아했다. 새로운 방법으로 책을 읽는 자유함을 갖게 된 이후 성경뿐 아니라 일반 책도 듣기로 바꾸었다. 남편도 계속해서 오디오 CD를 사 왔다.

눈으로 종이 책을 읽을 때는 불편해하던 아들이 귀로 듣는 방법으로 교육 방법을 바꾸니까, 특별한 재능을 보였다. 한 번 들은 내용을 정리하고 외우는 것이 아닌가. 기억력과 집중력이 아주 좋아졌다. 난독증이 있는 것을 무시하고 읽기 방법만 계속 강조했으면 성취감이 떨어지고 자신감도 없어졌을 것이다. 아들의 형편에 맞게 '듣는 공부'로 방법을 바꾸자 자신감을 계속 유지했다. 사실 오디오 북으로 공부하고, 인터넷에 올라와 있는 오디오 강의를 들었기 때문에 더 크게 성장했다.

군사에게 필요한 강한 정신력

정서적 안정감과 자신감 못지않게 영적 힘이 있어야 성문에서 승리할 수 있다. 아빠와 엄마의 신앙이 아니라 자기 믿음이 있어야 했다. 아빠를 따라가는 선교지 방문이 아니고, 전도여행을 다녀야 했다. 그래야 강한 군사가 된다고 믿었기에 전도여행을 보냈다.

킹스키즈 전도여행 출발 당일에 날씨가 안 좋았다. 태풍의 영향을 받아서 비바람이 심했다. 아들은 비행기가 꼭 출발해야 한다면서 날씨를 위해 기도하기 시작했다. 바람에게 그만 그치라고 명령하기도 하고, 좋은 날씨를 보내달라고 하나님께 요청하기도 했다. 큰 소리로 간절히 기도했다. 일기 예보로는 비행기가 뜨기 어려운 날씨였는데, 오후가 되자 화창한 날씨로 바뀌었다. 아들은 자기가 믿음으로 승리했다면서 스스로 보람을 느꼈다. 공항에 아들을 데려다주는 차 안에서 아들을 보는데 영적 군사로 보였다.

지금 되돌아보면 양육에서 내가 가장 큰 관심을 둔 부분은 아이들이 자신감을 갖고 스스로 자랑스러워하도록 교육하는 일이었다. 정서적 안정감과 강한 정신력이 중요하기 때문이다.

어렸을 때부터 큰아들은 잘 먹지를 않았다. 그래서 할아버지가 늘 걱정을 했다. 한국에 오자마자 친정에 가서 부모님께 인사를 드렸다. 우리 아이들이 밥을 먹는데, 그날따라 큰아들이 맛있게 먹었다. 손자가 밥 먹는 모습을 지켜보던 친정아버지가 기분이 좋으셨는지 칭찬해주셨다.

"아이고, 예뻐라. 이제는 밥을 아주 잘 먹는구나."

큰아이는 할아버지의 칭찬을 듣더니 그날부터 계속 잘 먹었다. 외가에 머무는 동안에 아들의 식습관이 완전히 바뀌었다. 뭐든지 잘 먹었다. 체중이 늘어나면서 처음으로 과체중이 되었다. 막내는 형이 몸무게가 많이 나가서 좋다고 했다. 그만큼 힘이 세기 때문에 자랑스럽다고 말했다.

큰아이는 그해 겨울에 키가 10센티미터나 컸다. 운동을 꾸준히 하더니 체력도 월등하게 좋아졌고, 체형도 균형 있게 잡혔다. 아들은 스스로 대견했는지 거울 앞에서 말했다.

"엄마는 좋으시겠어요. 이렇게 잘생긴 아들을 두셨으니. 헤헤."

성문에서 원수를 만나 담판하는 것은 하나님나라를 위해 새로운 영역을 정복하는 일이다. 많은 사람이 가지 않은 길을 가야 하고, 검증되지 않은 새로운 일도 해야 하고, 또 반대도 극복해야 한다. 그때마다 설득하고 지지를 이끌어내고 포기하지 않고 계속 추진하려면 강한 정신력을 갖추어야 한다. 세 아이 중에서 창의성이 가장 뛰어난 큰아들이기에 정신력 교육에 가장 신경을 썼다. 자신감이 있어야 정신력이 강해진다. 자기가 좋아하는 일을 열심히 하도록 기회를 주고 부모가 적절히 도와주면 아이들은 곧 자신감을 갖는다.

원수와의 담판은 영적전쟁을 말한다. 하나님나라를 위해 새로운 일을 할 때는 항상 영적전쟁이 있다. 영적전쟁에서 승리하는 강한 군사가 되어야 한다. 자녀교육은 미래를 위한 교육만이 아니다. 아이들이 커서 어른이 되어야 영적전쟁을 하게 되는 것이 아니다. 어린아이들도 자기 나름대로의 방법으로 원수와 담판하고 있다. 특히 정서적인 영역에서 승리해야 한다. 우리 부모는 아이들에게 자신감을 불어넣어주고 강하게 키워야 한다.

수치를 당하지 않는다

"너희 학교가 우수상을 탔다면서? 정말 대단해. 네가 자랑스러워."

"내가 아니고 우리 팀 모두가 잘한 거예요."

"그렇구나. 팀으로 일하는 법을 배웠구나."

"예, 역시 한 팀이 되는 게 힘이 있더라고요. 선생님의 도움도 큰 힘이 되었고요."

엄마에게 설명하는 아들의 목소리가 밝았다. 막내아들이 다니고 있는 제주 열방대학 부설 기독학교 팀이 전국 통일공모전 청소년부에서 우수상을 받았다. 신생 학교가 처음 참석한 전국 공모전에서 좋은 성적을 내서 자랑스러웠다.

모처럼 서울에 온 학생들이 발표회를 마치고 우리 집에 왔다. 학생들도 기대 이상의 성적을 거둬 기분이 좋았는지 모두 즐거워했다. 오랜만에 만난 아들도 반갑고, 아이들 모두 내 아들딸 같아서 엄마의 마음으로 맛있는 밥을 해줬다.

방학이 되어 집에 온 아들이 통일 공모전 수상 작품집을 보여주었다. 아들이 쓴 수상 소감문을 찬찬히 읽어보면서 한 팀으로 준비해서 좋은 결과가 있었다는 말이 빈말이 아니었다는 것을 알았다.

우리 팀은 각양각색의 친구 다섯이 모여 프로젝트를 진행했습니다. 이 과정에서 배운 것은 좋은 조력자의 필요성이었습니다. 우리 팀 안에서도 서로 돕고, 팀의 의견이 하나로 모이지 않을 때는 지도 선생님이 방향을 잡아주셨습니다. 2년 반을 함께한 친구들의 마음이 모이는 것도 쉽지 않은데, 60년 이상 분단을 겪고 통일을 이루는 과정에서도 그 진통을 덜어줄 수 있는 조력자들이 많이 필요할 것입니다.

친구 다섯 명이 하나 되는 과정과 통일 이후 한민족이 하나 되는 과정을 비교한 것이 좋았다. 특히 선생님의 역할을 좋은 조력자로 묘사한 부분이 마음에 들었다. 아빠와 함께 DMZ(비무장지대) 국토순례 기도 여행으로 320킬로미터를 걷고 온 다음부터 막내아들은 부쩍 통일에 대한 관심이 많아졌다. 그 내용이 소감문에 잘 녹아 있었다.

내 생각만 주장해서는 안 된다는 것도 배울 수 있었습니다. 한 명의 뛰어난 생각도 여럿이서 생각해낸 발상을 이기지 못했습니다. 같이하는 마음이 더욱 가치 있는 것이었습니다. 본선에 올라 발표를 하고 마침 내 맛보게 된 이 열매가 서로 협동해서 이뤄낸 것이었기에 더욱 값지다 는 것을 알 수 있었습니다. 통일 한국 또한 우리 민족이 독불장군으로 서지 않고 서로를 도울 때 이뤄나갈 수 있을 것입니다. 그리고 이를 위 해서 우리 민족이 하나라는 의식을 회복해야 합니다.

함께 준비하는 것이 더 중요하다는 사실을 청소년 시기에 배운 아 들이 자랑스러웠다. 여러 사람이 하나가 되는 연합의 힘을 경험했다 는 말이 좋았다.

혼자서 할 수 있는 일은 극히 드물다. 대부분의 일들은 함께해야 끝까지 갈 수 있고, 또 좋은 결과를 얻게 된다. 시편 127편이 말하는 자녀양육의 목적인 성문에서 원수와 담판하는 일도 많은 사람이 함 께해야 한다. 그래야 수치를 당하지 않고 승리한다.

이것이 그의 화살통에 가득한 자는 복되도다

시편 127편 5절

한 가정의 자녀로는 이 화살통이 가득해지지 않는다. 하나님나라 를 위해 같은 비전을 가진 여러 가정의 자녀들이 함께해야 화살통이 채워진다. 화살이 가득한 화살통을 상상만 해도 승리한 모습이 떠오 른다. 그들이 함께 가면 원수는 도저히 이길 수 없다. 어떤 일이든지 한 팀이 되어 일하면 멋진 결과를 얻게 된다. 하나님나라가 승리하도록 비전을 가진 청소년과 청년들이 화살처럼 일어나면 좋겠다. 그들이 연합해서 승리하는 모습을 보고 싶다.

"무슬림을 위한 30일 기도"라는 국제적인 기도 운동이 있다. 이것을 주관하는 센터로 아름다운 승리의 간증이 왔다고 한다. 기독교인이 거의 없는 아프리카의 어느 이슬람 지역에서 한 청년이 꿈에 예수님을 만났다. 너무나 생생해서 그 꿈을 무시할 수 없었다. 마을 주민이 전부 무슬림인 지역이라 아무에게나 나눌 수 없어서 하루 종일 고민만 하다가 가장 친한 친구에게 꿈 이야기를 했다. 그런데 그 친구도 똑같은 꿈을 꾸었다는 것이 아닌가. 두 사람은 한마음이 되어서 같은 꿈을 꾼 다른 사람을 찾기 시작했다. 놀랍게도 마을의 대부분 청년들이 같은 꿈을 꾸었다는 사실을 알게 되었다. 그 마을 청년들이 힘을 합쳐 기독교 공동체를 만들고 그 마을에 적합한 형태로 교회를 개척했다. 혼자서는 절대로 하지 못하는 일인데, 여러 명이 함께하니 마을 어른들도 반대할 수 없었다.

아무리 힘든 일이라도 여러 명이 한마음으로 함께하면 승리한다. 전 세계적으로 무슬림을 위해 중보기도하는 사람들로 인해 그와 같은 역사가 일어났다고 믿는다. 화살통에 가득한 화살들이 승리한 일이다.

같은 편인 가족 관계가 돈독해야 한다

부부는 싸우면서 정드는 것이 아니고, 아이들도 싸우면서 자라는 것이 아니다. 가족은 싸움의 대상이 아니다. 우리 부부가 세월이 갈수록 더 사랑이 깊어진 원인이 무엇일까를 생각해 보았다. 그것은 부부가 한 몸이라는 진리를 붙들었기 때문이다.

'한 몸'이란 '한 사람'이라는 뜻이다. 남편과 나는 한 사람이다. 즉 남편이 행복하면 나도 행복하다. 남편의 행복을 지켜주는 것은 나의 행복을 지키는 일이다. 나는 남편이 축구하고 막 돌아왔을 때의 그 행복한 웃음을 잊지 못한다. 그 웃음을 지켜주고 싶어 축구장에 보냈다. 남편은 설교를 마치면 나의 격려 때문에 행복을 느꼈다. 그래서 나는 격려를 잊지 않으려 설교를 들으면서 메모한다.

물론 처음부터 그랬던 것은 아니다. 많은 노력의 결과로 하나가 되었다. 가족은 한 팀이다. 튼튼한 가족 관계는 큰 힘을 발휘한다. 그래서 원수는 두려워한다. 두려운 원수는 가족끼리 싸우도록 부추긴다. 원수의 부추김을 선택하지 않는 가족은 승리한다. 원수는 승리하는 가족으로 인해 수치를 당한다. 이렇게 승리하는 그리스도인 가정이 많을 때 하나님의 나라가 힘 있게 완성되어 간다.

우리 가족이 10년 정도 홈스쿨을 하고 나서 배운 것이 있다. 홈스쿨은 그 자체로도 아주 뛰어난 교육 방법이다. 학습 결과도 좋았지만, 어린 나이에는 가족이 함께하는 시간을 많이 가질수록 좋기 때문이다. 그러나 장점이 많은 반면 단점도 분명 있다. 공교육이나 대안학교도 마찬가지라고 생각한다. 모든 교육 방법은 장점과 단점이 있다. 각 가정의 형편에 맞는 방법을 택해서 장점을 살리고 단점을 보완하는 방법이 최고가 아닐까.

홈스쿨을 하게 된다면 한 가정만 하지 말고, 뜻이 맞는 세 가정만 함께해도 훨씬 유익한 활동이 가능하다. 우리 가정은 아이가 세 명이라 그나마 다행이었고, 종종 다른 가정과 함께해서 별다른 어려움이 없었다. 그동안 홈스쿨을 하고 싶어서 상담을 요청한 지인들에게 뜻이 맞는 가정을 찾아 작은 학교를 시작하라고 권했다. 주중에는 각 가정에서 홈스쿨을 하다가 주말이나 특별한 기간에 함께 공부하면 더 재미있고 창의적으로 프로그램을 진행할 수 있다. 또래끼리 연합하는 정신도 더불어 배우게 된다.

물론 공교육을 받는 아이들도 얼마든지 좋은 열매를 맺을 수 있다. 부모가 효과적으로 도와주면 된다. 주말에 집에서 함께 공부하는 작은 그룹을 만들어도 되고, 교회에서 방과 후 모임을 운영해도 된다. 엄마들이 교대로 교사를 할 수도 있다. 교과목을 직접 가르치기가 어려우면 아이들이 스스로 공부하도록 돕는 조력자 역할을 하면 된다. 온라인이나 방송을 활용해서 공부하는 방법도 많고, 부모님들과 독서 클럽을 운영해도 된다.

무조건 사교육에 의존하기보다는 부모들이 함께하는 과정에서 얻는 유익이 아주 많다. 영국의 정치가인 윌리엄 윌버포스가 이끌었던 클래팜 공동체도 육아를 여러 가정이 함께했다. 그 결과로 영국 사회뿐 아니라 전 세계에 영향력을 미친 놀라운 결과들이 클래팜 공동체를 통해 일어났다.

사교육비를 줄이면 엄마가 그만큼 돈을 벌지 않아도 되는 가정들이 있다. 엄마들이 직접 공동 육아에 참여하면 언젠가는 화살통에 가득한 화살들을 보게 될 것이다. 그들이 성문에서 원수와 담판할 때 수치를 당하지 않는다.

세상을 비추는 빛

화살이 전사의 무기이듯이 자녀는 부모의 힘이다. 화살이 많은 것이 전사의 힘이듯 자녀가 많은 것은 부모의 복이다. 그러나 아무리 화살이 많더라도 녹슬거나 무뎌져 있다면 힘을 잃는다. 마찬가지로 아무리 많은 자녀를 낳았다고 해도 방치하거나 잘못 기른다면 복이 될 수 없다. 따라서 화살을 무기로 쓰려면 갈고닦아야 한다. 자녀를 하나님나라의 군사요, 부모의 화살이 되게 하려면 잘 훈련해야 한다.

그렇다면 어떤 훈련이 필요할까. 수치를 당하지 않는다는 말에서 훈련의 내용을 찾아야 한다. 기독교인이 당하는 수치란 무엇일까. 나는 시편 127편을 읽으면서 이 부분을 많이 생각했다. 이 말씀을 승리한다는 것으로 해석해도 되지만, 문장 그대로 이해하기 위해서 수치를 당하는 경우를 생각해보는 것도 중요하다. 기독교인의 수치는 세상 사람들에게 비난과 무시를 당하는 경우다. 세상에서 교회를 비난하는 여러 이유 중 다음 세 가지가 대표적이다.

첫째, 경건을 잃었을 때 수치를 당한다.

둘째, 정직하지 않을 때 수치를 당한다.

셋째, 듣고 배운 말씀을 행하지 않을 때 수치를 당한다.

고등학생인 막내아들은 스마트폰을 사용하지 않는다. 아들이 다니는 학교의 원칙이기도 하지만, 경건을 지키기 위해서 본인이 스스로 결정했다. 우리 부부가 외국으로 강의하러 갔다가 아주 인상적인 한국인 중학생을 만난 적이 있다. 남편이 강의가 없는 시간에 그 아이와 함께 축구를 하고서 말했다.

"너처럼 예의 바른 아이가 있어서 기분이 좋구나. 너는 처음부터 이렇게 착했니?"

남편의 물음에 아이가 웃으면서 대답했다.

"저 한국에서 중학교 다닐 때 일진이었어요."

흥미로운 반전이었다. 아이는 일진으로 지내는 생활이 싫어서 탈출하듯 이곳으로 왔다고 했다. 그런데 이곳에 와서 인터넷을 끊고 스마트폰도 없앤 후 운동하면서 교회에 다니다보니 저절로 착해진 것 같다고 말했다.

"정말 여기는 할 게 없어요. 그냥 착해지네요."

밝게 웃는 아이의 얼굴이 보기 좋았다. 누구든지 환경의 영향을 받는다. 경건을 지키기 위해 노력하지 않으면 결코 경건해지지 않는다. 먼저 환경을 만드는 노력이 중요하다.

어떤 사람이 대학생이었을 때 시험 시간에 부정행위를 했다. 그런데 그걸 본 다른 학생이 말했다.

"너만큼은 부정행위를 하지 않았으면 좋겠어. 우리 학과에 정직한 사람이 한 명쯤은 있어야 하는데, 네가 기독교인이니까 네가 그런 사람이었으면 해."

그렇게 말한 사람은 기독교인이 아니었다. 이처럼 많은 사람들이 자신은 부정직하게 살지라도 다른 누군가는 정직하게 살기를 바란다. 그리스도인에게 더욱 정직한 모습을 기대한다. 만약 정직하게 살지 않으면 기대했기에 더 크게 실망한다. 그것이 우리가 당하는 수치다. 반면에 정직한 그리스도인들로 인해 세상 사람들은 더 큰 소망을 본다.

빛과 어두움의 상관관계를 생각하면서 수치와 승리를 이해했다. 어둠이 빛을 몰아낸 것이 아니다. 빛이 없어졌기 때문에 어둠이 들어온 것이다. 말씀은 빛이다. 우리의 발을 비추는 등이고 길을 비추는 빛이다. 하나님의 말씀을 따라 사는 그리스도인은 세상을 비추는 빛이다. 이 빛이 사라질 때 세상은 어둡게 된다. 말씀을 따라 사는 사람이 적어질 때 세상은 어두워진다. 우리가 말씀을 따라 자녀를 양육하는 것은 세상에 소망의 빛을 비추는 것과 같다.

우리가 성경의 진리를 따라 화목한 가정을 이루는 모습은 세상에 빛을 비추는 것과 같다. 우리가 배운 대로 살면 세상 사람들은 그 빛 가운데로 나아온다. 우리가 듣고 배운 진리를 따라 행하면 원수에게 수치를 당하지 않는다. 빛은 어둠을 몰아낸다. 그리스도인의 가정에서 갈고닦여진 화살 같은 많은 자녀들로 인해 원수는 성문에서 수치를 당한다.

14

—

자녀를
자립시켜라

자녀는 용사의 화살이다. 화살은 고유의 역할이 있다. 쏜 화살은 목표물을 향해 정확히 날아가야 한다. 자녀도 마찬가지다. 결국은 부모를 떠나 자기 부르심을 따라 살아야 한다. 부모는 용사처럼 화살을 잘 간직하고 부지런히 갈고닦아서 결국 쏘아보낸다. 화살은 무기이므로 적진을 향해 쏜다. 마찬가지로 그리스도의 군사인 우리의 자녀도 적진으로 보내야 한다.

우리의 적진은 어디인가? 복음을 전해야 하는 세상과 열방이다. 그곳은 거짓과 어둠, 상처와 고통, 아픔과 슬픔이 있는 곳이다. 헐벗음과 목마름이 있는 곳이며 불의와 무지가 있는 곳이다. 생명과 복음의 화살, 진리와 빛의 화살, 치유와 회복의 화살로 쏘아야 한다. 치료와 기쁨의 화살, 빵과 물의 화살 그리고 의와 지혜의 화살로 우리 자녀들을 떠나보내야 한다. 그곳에서 하나님의 왕 되심을 선포하고, 승리의 깃발을 휘날리게 해야 한다.

세상과 열방으로 날아가서 제 역할을 하려면 건강하게 자립해야 한다. 세상에 끌려다니면 세상을 변화시킬 수 없다. 강한 군사로 자립해야 하는데 이는 부모의 교육 철학과 직결된다. 특히 비전, 재정, 건강 면에서 자립하는 게 중요하다.

비전 자립

"자, 복음을 전하러 태국으로 갑시다."

유치원 졸업 발표회에서 큰아들이 큰소리로 외쳤다. 졸업하는 아이들이 앞에 나가서 한 마디씩 하는 시간이었다. 일곱 살 아이가 선교하러 가자고 하니, 모두들 신기하게 바라보았다. 남편이 태국에서 선교사 훈련학교를 섬기는 동안 가족 모두 함께 있었다. 아들은 숙소를 오가며 우상에게 절하는 태국 사람을 유심히 지켜보더니, 나에게 물었다.

"엄마, 왜 여기 사람들은 교회를 다니지 않아요?"

아이의 질문에 답하며, 자연스럽게 선교에 관한 이야기를 했다. 그러자 아이는 다른 나라의 영적인 상황에 대하여 더욱 관심을 갖게 되었다. 우리는 기회가 있을 때마다 선교여행을 보냈다. 아이들은 교회 선교여행 팀이나 예수전도단의 킹스키즈 팀으로 참석했다. 또 선교지를 방문하는 아빠를 따라다니며 많은 나라를 보게 했다. 어려서부터 열방을 마음에 품기를 원했기 때문이다. 몇 달을 긴축재정으로 살아야 했지만 우선권을 갖고 최대한 많은 나라를 보게 했다.

예수전도단 DTS 전도여행에서 돌아온 딸을 공항에 마중나간 남편이 상기된 표정으로 집에 들어왔다. 딸이 아빠를 만나자마자 감격의 눈물을 쏟아내면서 이렇게 말했다는 것이다.

"아빠, 하나님의 은혜를 체험하고 저의 부르심을 깨닫는 귀한 시간이었어요."

딸이 부모의 신앙이 아닌 자기 신앙으로 비전을 찾은 전도여행이었다. 복음이 전해지는 현장을 어려서부터 경험하면, 아이들이 자기의 진로를 결정할 때 도움이 된다. 또 공부하는 목적도 분명하게 찾을 수 있다.

'너와 네 자손을 통해 천하 만민이 복을 얻게 하겠다'고 하신 하나님의 약속이 성취되려면 그분이 원하시는 곳으로 자녀를 떠나보내야 한다. 그분이 원하시는 곳이 곧 부모가 원하는 곳이 되고 우리 자녀의 비전이 되어야 한다. 말씀으로 양육받고 바른 가치관으로 훈련되었다면 아이는 하나님의 뜻을 따라 날아가야 한다. 부모는 기쁘게 지지하고 후원하면 된다.

재정 자립

"오늘 결혼하는 신랑이 언제라도 우리 회사에 다시 돌아온다면, 대환영입니다."

지인 한 분이 새가정을 이루고 출발하는 큰아들의 결혼식에서 이런 축사를 하셨다. 그러면서 회사에서 아들이 얼마나 열심히 일을 했는지, 몇 가지 사례를 하객들에게 소개했다. 감사하기도 하고, 고생했을 아들 생각을 하니 마음 한 편에 울림이 있었다. 큰아들은 열아홉 살에 그 분의 회사에서 일을 했다. 그런데 자기가 맡은 일만 하지 않고 회사의 이익을 위해 일을 찾아 했다. 그렇게 번 돈으로 열방대학의 한 과정을 수료했다.

우리 부부는 아이들에게 직업을 경험하도록 도와주었다. 큰아들은 청소년기에 접어들면서 일을 시작했다. 새로운 언어를 배우고 익히는 데 흥미가 있고, 또 스스로 일해서 돈을 버는 것도 배워야 했으므로 영어 학원에서 일했다. 칠판도 닦고 바닥도 쓸었다. 마지막 학생이 학원 차에서 내린 후에 집에 왔다. 그러다가 아주 가끔은 어린이들에게 영어회화 몇 마디씩 강의할 기회도 생겼다. 그 후에도 아들은 일하는 법과 돈 버는 기술을 익히기 위해 다양한 아르바이트를 했다.

일하면서 영어를 공부했고, 동시에 영어를 가르치는 일도 했다. 청소년기에 벌써 몇몇 유학 준비생들과 해외 연수생들에게 생활 영어를 가르쳤다. 사람들을 가르치면서 아들의 영어 실력은 더 향상됐다. 청년이 되면서 강의 통역과 서류 번역으로 많은 사람의 사역을 도왔다. 뿐만 아니라 한국어를 영어로 번역하는 일을 하면서 돈을 벌었다. 그리고 아들은 사랑하는 여인을 만났다.

둘 다 스물네 살의 학생이었지만 우리는 결혼을 허락했다. 가정을 꾸릴 경제적 능력을 갖추었으므로 결혼하기 적당한 나이라고 생각했다. 감사하게도 신부의 부모님도 이런 취지에 동의했다. 이제 아들은 비전을 향해 전공 공부를 계속하면서 가장으로서 경제적 책임을 다하며 단란한 가정을 꾸리고 있다.

자녀들이 세상에서 성실하게 일하도록 훈련시켜야 한다. 부모는 이 부분에서도 자녀를 떠나보내야 한다. 직업 선택에 있어서 부모가 자녀를 떠나보낸다는 의미는 무엇인가. 자녀의 적성에 맞게 자신이 즐겁고 행복하게 사회에 기여할 수 있는 일을 하게 하는 것이다. 직업은 다양하다. 우리 자녀를 필요로 하고 그들이 기여할 수 있는 일도 많다. 부모가 과시욕만 버리면 아이들은 자유롭고 행복하게 직업을 선택할 수 있다.

이 글을 쓰고 있는 현재, 둘째인 딸도 열심히 일하고 있다. 대학의 남은 학기를 공부하기 위해 1년 동안 휴학하고 놀이동산에서 일하고 있다. 처음에는 일과 사람이 낯설고 두렵고, 넓은 놀이동산을 하루 종일 돌아다니면서 다른 사람이 버린 쓰레기를 치우는 일이 쉽지 않아, 빗자루를 팽개치고 그만두고 싶을 때가 여러 번이었다고 한다. 그러나 참고 견디고 버티기로 결심하고 맡은 구역에서 성실하게 일했고, 팀 안에서 함께 일하는 법을 터득했다. 기숙사의 낯선 동료들과도 금방 친구가 되었다.

딸은 쉬는 날 집에 와서 5개월 만에 단단해진 팔다리 근육을 보여주면서 자신의 내면도 강해졌다고 말했다.

"이제 걷는 일과 청소하는 일은 자신 있어요."

조직 안에서 일하는 법을 배우고, 인정받는 사원이 된 것도 감사했지만 무엇보다도 자신의 비전을 향해 계속 공부할 수 있는 돈을 벌며 뿌듯해하는 모습을 보니 기뻤다. 부모의 도움이나 학자금 대출이 아니라, 자기가 일해서 번 돈으로 학비를 내는 자부심은 무엇으로도 바꿀 수 없다.

자녀들은 언젠가는 부모를 떠나 누군가의 부모가 된다. 아들은 가장이 되고 딸은 살림을 꾸리게 된다. 부모가 되면 경제적인 책임을 져야 한다. 그래서 우리 부부는 어린 시절부터 자녀에게 돈을 벌 수 있는 방법과 재정 관리를 가르쳤다. 언제 어디서나 자신이 가지고 있는 기술로 돈을 벌어 가족의 생계를 책임지는 사람이 되도록 아이를 양육했다.

유대인들은 기술을 전수하려는 의도로 자녀를 부모의 일터에 데려간다고 들었다. 우리도 이것을 배울 필요가 있다. 부모가 자영업을 한다면 자녀가 어느 한 부분을 도울 수 있도록 기회를 주면 된다. 일찍부터 세상의 현장을 다양하게 체험해서 일하는 방법을 배우면, 얼마나 좋겠는가. 평생 직업으로 삼지 않을지라도 그 경험은 큰 무기가 된다. 어떤 환경에서도 살아남는 강한 정신력을 갖게 된다.

또 집에서부터 일을 배워야 한다. 용돈을 받기 위해서 일하기보다는 가족이 함께 사는 집이기 때문에 아이들도 각자 맡은 일을 해야 한다. 엄마 아빠만 집안일을 한다는 생각을 버려야 한다. 아이들이 일 자체를 배우는 좋은 기회를 부모가 빼앗지 말자.

건강관리

"엄마, 지금 몇 시죠?"

"시계 보는 법 알지?"

"음…."

"잊어버렸구나. 이리 와봐. 다시 가르쳐줄게."

"아니에요, 바늘이 잘 안 보여서요."

"뭐라고?"

나는 깜짝 놀라서 막내아들을 데리고 병원에 갔다. 검사 결과 아이의 시력이 많이 떨어져 있었다.

'엄마가 그것도 모르고 있었다니.'

아들에게 너무 미안했다. 그나마 더 늦기 전에 발견한 것이 얼마나 다행인지. 홈스쿨을 하면서 미처 예상하지 못한 일이었다. 아이들이 대부분의 시간을 집안에서 보내기 때문에 가까이 있는 물체만 계속 보느라 시야가 짧아져 시력이 떨어진 것이다.

나름 아이들의 건강관리에 신경을 썼다고 생각했다. 최대한 활동량을 늘리려고 근처에 있는 체육관을 활용해서 아이들에게 수영과 태권도와 검도를 배우도록 했다. 그런데도 막내의 시력을 신경 쓰지 못했던 것이다. 그 뒤 홈스쿨 수업이 끝나면 나는 매일 아이들을 데리고 하천으로 산책을 나갔다. 걸으면서 대화하고 운동도 했다.

건강관리는 자립의 기반이 된다. 아무리 좋은 환경에서 성장해도 관리를 잘 못해서 병들어 지속적인 통증에 시달린다면 스트레스를 받는다. 아무리 영적인 사람이라도 체력이 고갈되면 만사가 귀찮아

예민한 반응을 하게 된다.

나는 우리 아이들의 영혼육이 균형 있게 자라기를 소망했다. 그중에서도 아이의 신체 발달과 체력 훈련이 얼마나 중요한지를 안다. 그래서 어린 시절에 마음껏 뛰어놀게 했다. 청소년 시절에 운동할 기회를 빼앗지 않았다.

호주에서 청소년을 대상으로 설문조사를 했는데 운동을 좋아하는 아이들이 가장 올바른 인간관계를 맺고 사회생활을 했다고 한다. 종교생활에만 몰두한 아이들보다 더 균형 있게 살았다는 기사가 인상적이었다. 활화산처럼 분출하는 에너지를 소유한 청소년 시기여서 아마도 당연한 결과였을 것이다.

건전한 방법으로 발산하지 못하고 꽁꽁 싸매거나 꾹꾹 눌러둔다면 어떻게 될까. 압력은 한계점에 이르면 반드시 분출하게 된다. 청소년이 건전하지 않고 폭력적이라고 안타까워만 하지 말고 운동으로 분출할 기회를 주어야 한다. 새벽부터 밤늦게까지 교실에만 앉아 있거나 점수에만 매달리면 그 스트레스는 폭발하게 되어 있다.

하루는 남편이 남북한의 평화 통일을 위해 동해안 고성에서 서해안 파주까지 DMZ를 따라 걸으면서 기도하고 오겠다고 했다. 나는 잘 갔다 오라고 했다. 그런데 옆에서 이야기를 듣던 막내가 아빠와 함께 가겠다고 나섰다. 갑자기 마음이 일어났다고 했다. 열세 살이던 막내가 그 먼 거리를 걸을 수 있을지 걱정되었지만 한편으로는 궁금하기도 했다.

그렇게 둘은 떠났고 종종 전화로 소식을 전하는 아들의 목소리가 날마다 달라졌다. 며칠 만에 씩씩한 남자가 되어 집에 돌아왔다.

"엄마! 320킬로미터를 걸었어요."

"320킬로미터라고? 네가 고생했구나!"

"아니, 쉬웠어요. 그냥 한 걸음씩 걸어가면 돼요."

국토순례 기도여행을 마치고 집에 돌아온 아들의 말을 들으면서 나는 그저 놀랍기만 했다. 320킬로미터라는 거리가 가늠이 되지 않았다. 엄마에게 자랑스럽게 보고하는 아들을 보면서 남편도 수고했다며 칭찬했다.

자녀들이 아프지 않고 건강하게 자라기를 소원하는 마음은 모든 부모가 똑같을 것이다. "건강한 육체에 건전한 정신이 깃든다"는 말처럼 아이들의 체력이 약하면 정신력도 떨어진다. 짜증만 늘어나고 정서적인 자립도 어려워진다.

각 가정의 형편에 맞는 건강관리 방법을 찾아보라. 우리 집은 돈이 많이 들지 않으면서 지속적으로 체력을 관리하는 방법을 찾기 위해 고민했다. 그 결과 우리에게 딱 맞는 아주 쉬운 방법을 찾아냈다. 바로 잠을 많이 자는 것이다. 우리 집은 일어나는 시간을 정하지 않았다. 일찍 자라고 말하지만, 일찍 일어나라는 말은 하지 않았다. 아이들은 잠을 충분히 잤고, 각자 알아서 일어났다. 알람에 맞춰 일어나는 기상이 아니라 몸이 일어나고 싶을 때 자연스럽게 일어났다. 당연히 하루 일과가 늦었다. 조금 늦게 시작하니, 오히려 나도 편하고 좋았다.

큰아들이 열일곱 살에 DTS를 받기 위해 집을 떠났다. 보통은 열여덟 살에 참여하는 훈련인데, 아들은 6개월 전에 먼저 갔다. 훈련을 받기 전에 육체노동부터 하라고 남편이 일찍 보낸 것이다. 아빠의 뜻을 따라 훈련 학교에서 아들은 땀을 흘리며 성실하게 일했다. 청소, 정원 관리, 지붕 수리까지 즐겁게 했다고 한다. 보내온 사진을 보니 내가 알아보기 어려울 만큼 검게 그을린 얼굴이었다.

강사로 갔다가 아들을 보고 돌아온 남편이 자랑스러워했다. YWAM 지부 리더가 남편에게 아들이 일한 곳을 일일이 보여주었다는 것이다. 육체적인 노동은 몸을 건강하게 만들고, 정신도 강하게 만든다.

둘째인 딸도 스무 살에 DTS를 받으러 집을 떠났다. 세 아이 중에서도 유난히 잠이 많았던 터라 은근히 걱정이 되었다. 그런데 딸에게서 훈련 학교 기간 내내 일찍 일어나는 일이 전혀 문제가 안 된다면서 걱정하지 말라는 연락이 왔다.

"엄마, 우리가 그동안 충분히 잤잖아요. 그래서인지 새벽에 일어나도 괜찮아요."

딸은 DTS 이후에 곧바로 남아프리카공화국의 YWAM 베이스에서 영화제작학교를 마쳤다. 밤을 꼬박 새면서 영상 작업을 많이 했다. 잠을 못 자서 힘들겠다는 내 말에 화상통화하는 딸이 밝게 웃으며 대답했다.

"엄마, 잠을 못 자도 스트레스가 전혀 없어요. 그동안 충분히 잤다고 내가 말했잖아요. 괜찮아요. 걱정하지 마세요."

또한 건강에 좋은 음식을 즐겁게 먹는 것은 건강관리의 기본이면서 조금만 신경을 쓰면 자연스럽게 할 수 있다.

하루는 막내아들과 한 가정을 방문했다. 집 주인이 탄산음료 한 잔을 따라왔다.

"물을 주실 수 있으세요?"

"콜라를 줄까?"

"죄송한데 저는 물이 좋아요."

"그러니? 좀 특이하구나. 네 나이에 콜라를 안 마시다니…."

대접하려고 하는 집주인의 마음에 감사해하면서 내가 부연설명을 했다.

"평소에 물만 마시게 했더니, 탄산음료는 잘 안 마시네요."

어렸을 때는 음료수를 마셨는데, 아무래도 건강에 도움이 안 되는 것 같아서 물만 마시게 했다. 아이는 몇 년을 물만 마시더니 습관이 되어서 탄산음료를 마시면 오히려 힘들어했다.

건강에 적신호를 가져오는 음식이 많다. 조금만 관심을 갖고 조절하면, 아이들이 더 건강해진다. 남편은 피곤하면 생굴과 파래무침 같은 해산물을 먹는다. 고향이 바닷가인 남편이 어렸을 때 먹은 음식들이다. 나는 산나물무침과 팥칼국수를 좋아한다. 역시 어렸을 때 즐겨 먹던 음식이다.

어린 시절에 만들어진 식습관이 평생 영향을 미친다. 아이들의 입맛이 평생 간다. 지금 아이들이 패스트푸드를 즐겨 먹는다면 평생 그 것들을 좋아할 가능성이 높다. 성인이 되었을 때 식습관을 고치려 해도 잘되지 않는다. 나는 아이들이 어려서부터 채소와 야채 등 신선한 농산물을 먹도록 식단을 구성했다.

요리를 홈스쿨의 정규 과목으로 만들어서 식재료를 고르는 법도 알려주고, 음식 준비도 함께하면서 요리와 친숙하게 만들었다. 아이들이 요리를 직접 해보면 좋은 점이 많다. 자연스럽게 건강에 관심을 갖게 된다. 무엇보다도 엄마와 공감대가 많이 형성된다.

"엄마, 이번 생일 선물로 뭘 사주실 거예요?"

"응? 원하는 게 있니?"

"한 가지 있어요. 좋은 프라이팬을 하나 사주세요."

좀처럼 무엇을 사달라고 하지 않는 큰아들이 생일 선물을 미리 부탁했다. 집에 있는 프라이팬으로는 원하는 요리를 할 수 없다고 했다. 태권도와 롤러블레이드를 즐기는 아들이지만, 요리 시간에는 또 다른 분위기를 만들었다.

잠을 많이 재우고, 신선한 식재료로 만든 음식을 먹어서인지 홈스쿨을 하는 10년 동안 아이들이 감기에 걸리지 않았다. 몸이 아프지 않으니 성격 훈련도 자연스럽게 이뤄졌다.

짜증이 많은 아이들은 그만큼의 스트레스가 있기 마련이다. 어른들도 스트레스 관리가 쉽지 않은데 아이들은 오죽하겠는가. 대부분의 아이들이 짜증을 내는 것은 잠이 부족하고 피곤해서이다. 잠을 충분히 자면 낮에 하는 일에 집중력이 높아진다. 책을 한 권 읽어도 집중해서 읽을 수 있다.

새로운 가정을 이루도록 떠나보내라

자녀를 떠나보내야 하는 중요한 시기는 자녀가 결혼할 때다. 사람이 부모를 떠나서 그 둘이 한 몸을 이루라고 하나님이 명령하신 것처럼 결혼은 부모를 떠나는 것이다. 떠나는 자식을 잘 떠나보내는 것이 부모의 도리다. 부모가 잘 떠나보내지 못하면 우리 자녀들은 배우자와 연합하는 일이 어렵게 된다. 부모를 떠나야 다른 사람과 한 몸을 이루고 행복하게 살 수 있다.

잘 떠나보낸다는 것은 무엇을 말하는 걸까. 내가 낳아서 키운 내 자녀이지만, 그가 결혼하면 우선순위가 바뀌도록 허락하는 일이다. 그동안 부모가 우선이었다면 이제 자신의 배우자를 우선권에 두게 한다. 앞으로 중요한 일을 결정할 때 부모의 의견보다 배우자의 의견을 더 중요하게 여기라고 가르친다. 혹시 부모와 배우자가 충돌하게 되면 배우자 편에 서라고 말한다. 어찌 보면 야속하고 섭섭한 기분이 들겠지만 그것이 옳다.

자녀를 떠나보내라. 그래야 자녀가 행복하고, 복을 흘려보내는 복된 가정을 세울 수 있다. 장성한 자녀를 떠나보내지 못해 결과적으로 자녀를 잃는 우를 범해서는 안 된다.

막내아들은 열다섯 살에 집을 떠났다. 아빠와 국토순례 기도여행을 마치고 집에 돌아온 후에 차곡차곡 집을 떠날 준비를 했다.

"이제는 제가 떠날 차례네요."

그러면서 제주 열방대학 부설 기독학교에 들어갔다. 아이들이 한 명씩 집을 떠나 자기의 삶을 개척할 때마다 나는 엄마로서 축하했다. 그게 결국 내가 할 일이었다.

하나님나라의 군사인 우리 아이들이 촉이 날카로운 화살처럼 열방과 세상으로 정확하게 날아가기를 소망한다. 어려서부터 자립하는 훈련을 받아야 흔들리지 않고 곧게 날아간다. 그래야 강한 군사가 된다.

—

후대에
축복이 흐르게 하라

할머니가 되는 연습

오래전 방학을 맞아 시골집에 내려간 어느 날이었다. 엄마는 안계시고 아버지와 유치원에 다니는 조카만 집에 있었다. 아버지가 아이의 머리를 빗겨주고 계셨다.

"할아버지! 할머니가 해준 것처럼 해주세요."

"그래, 알았어. 양갈래로 머리를 땋아달란 말이지."

할아버지와 손녀딸의 대화에 내가 끼어들었다.

"할아버지가 어떻게 네 머리를 땋아주시겠니? 이리와. 고모가 해줄게."

아버지를 돕기 위해서 한 말이었다. 한 번도 내 머리를 땋아본 적이 없는 우리 아버지는 못하는 일이라고 생각했다. 그런데 조카는 할아버지 옆에서 꼼짝도 하지 않았다.

"아니에요, 할아버지도 잘하세요. 많이 해주셨는데…."

'설마, 우리 아버지가?'

내 예상과 달리 아버지는 능숙하게 머리를 세 갈래로 나누더니 자연스럽게 땋아 내렸다. 아버지는 손녀의 머리를 깨끗하게 어루만지신 후, 흐뭇하게 바라보셨다. 그리고 머리를 곱게 땋은 조카를 자전거 뒤에 태우시고 기분 좋게 페달을 밟으셨다.

나는 아버지의 달라진 모습에 놀랐지만, 곧 이해했다. 전에는 바빠서 여유가 없으셨으리라. 내 머리를 쓰다듬어주거나 다정하게 말하는 법도 잘 모르셨을 것이다. 이제 마음의 여유가 생기니 아이들이 보이고 그 아이가 "할아버지!" 하면서 재롱을 피우니 얼마나 귀여웠을까. 아직은 결혼이 다른 사람 이야기처럼 들리던 대학 시절, 할아버지가 된 우리 아버지를 보면서 나는 감사했다. '언젠가 내 아이도 부모님께 이런 행복을 안겨 드리겠지' 기대했다. 그래서 내가 결혼하고 엄마가 되자마자 아이들이 할아버지 할머니와 가깝게 지내도록 도와줬다.

어떤 사람들은 할머니 할아버지 때문에 아이들 버릇이 나빠진다고 말하는데, 그렇지만은 않다. 할머니 할아버지를 공경하는 법을 가르치면 오히려 예의 바른 아이로 키울 수 있다. 할머니 할아버지에게 인사하기, 문안 전화 드리기, 용돈 드리기, 선물하기, 편지 쓰기, 기도해 드리기, 책 읽어 드리기, 팔다리 주물러 드리기 등 손주들이 할 수 있는 일이 많다. 또 조부모님께 감사를 표현하도록 교육하면서 감사를 가르칠 수 있다. 돌봄과 선물과 관심을 당연하게 여기지 말고 늘 적절한 감사로 보답하도록 가르치라.

손주가 태어나면 술 담배를 끊겠다는 어느 할아버지 이야기를 들었다. 평생 끊지 못한 술 담배도 손주 사랑 앞에는 불가능한 일이 아니었다. 그 사랑이 귀하고 진실하다고 생각했다. 어찌 보면 부모의 마음보다 더 애틋하고 절절한 사랑이 조부모의 사랑이다. 그 사랑을 듬뿍 받고 자란 아이들은 안정감과 자신감이 있다. 그 사랑이 절대적이고, 무조건적이기 때문이다. 어린아이들에게는 이 사랑이 필요하다. 할아버지 할머니가 살아 있어 이런 사랑을 경험한 아이들은 행복하다.

슬프게도 나의 어머니는 오랜 지병 끝에 돌아가셨다. 나는 집이 보이는데도 집으로 가는 길을 잃어버리고 끝없이 헤매는 꿈을 꾸다가 방바닥을 뒹굴며 울었다. 2주 후에 어머니를 간호하시던 아버지마저 돌아가셨다. '아버님이 어머니를 정말로 사랑하셨던 것 같다'라는 지인들의 말이 내 슬픔을 덮지 못했다.

나는 밤마다 고통스런 꿈을 꾸었다. 세찬 회오리바람이 몰아치는 황야에서 비틀거리다가 지친 몸을 기대려고 보니 기댈 바위가 사라지고 없는 꿈이었다. 한밤중에 깨어서 통곡했다. 밥도 못 먹고 세수도 안 하고 몇 날을 울었다. 부모를 잃은 상실감으로 삶의 모든 의욕이 사라진 그때, 만약 우리 아이들의 위로와 기도 그리고 도움이 없었다면 어찌 되었을까. 자녀는 부모의 힘이다. 삶의 의욕을 일으키는 이유다.

양가의 부모님이 모두 일찍 돌아가시고 안 계신 나는, 때로 우리 아이들이 조부모한테서 받은 사랑의 기억이 많지 않아 안타깝다. 그래서 나는 건강을 지켜서 내 손주들에게는 조부모의 사랑을 오래 주어야겠다고 다짐했다. 아이들이 부모의 힘이듯, 조부모는 우리 자녀들에게 행복한 선물이 된다.

결혼한 첫아들 내외한테 아이가 생기면 나는 진짜 할머니가 된다. 그래서 좋은 할머니가 되기 위한 공부를 일찍 시작했다. 좋은 조부모가 되도록 돕는 책이나 가르침이 별로 없어서 내 나름대로 연구를 한다. 손주와 같이 있는 할머니 할아버지들을 유심히 관찰하는 습관도 생겼다.

내가 할머니가 되면 사랑 표현을 잘하고 싶다. 가슴속에서 끓어오르는 사랑을 손주에게 딱 맞는 말로 표현하려면 적당한 표현법을 찾아야 한다. 나에게 어색하고 익숙하지 않아도, 아이들이 사랑이라고 받아들이는 말을 사용해야 사랑이 잘 전달될 것이다. 그래서 나는 요즘 세대가 알아듣기 쉬운 사랑의 언어가 무엇인지 관찰하고 있다.

말은 마음을 담는 그릇이 아닌가. 적절한 그릇에 담아낸 음식이 제 가치를 발휘하듯 적절한 언어 선택이 무엇보다 중요하다고 생각한다. 손주들이 이해하기 쉽고, 의미도 잘 전달되는 말을 찾아내고 싶다. 더불어 손주의 엄마 아빠도 함께 칭찬하는 언어의 기술을 배우고 싶다.

"너 닮아서 아이가 참 지혜가 있더구나. 아빠 닮았는지 아주 성품이 좋아."

이런 말로 두 사람을 한 번에 칭찬하는 기술을 자연스럽게 구사하려고 한다. 자식과 손주들에게 마음껏 사랑을 표현하여 격려하고 축복한다면 얼마나 복된 노년이 되겠는가.

할머니가 떠주신 털목도리와 슬쩍 넣어주신 용돈, 할아버지가 만들어주신 연필통과 주머니에서 꺼내주신 사탕은 우리 아이들의 기억 속에 지금까지 남아 있다. 그래서 나도 손주들에게 선물을 자주 하려고 한다. 동시에 두 명에게 사랑을 전할 수 있는 선물 방법도 미리 생각해두었다.

"할머니가 준비한 네 선물이란다. 네 엄마도 어렸을 때 초콜릿을 참 좋아했지. 그리고 이건 할머니가 주는 네 엄마 선물이란다. 엄마한테 전해주겠니?"

손주와 만나고 헤어질 때는 꼭 안아주려고 한다. 손도 잡아주고 머리도 쓰다듬어주고 따뜻한 포옹을 많이 해야겠다. 품에 안고 축복의 말과 기도를 해주면 얼마나 좋겠는가. 그러다가 손주들의 엄마 아빠까지 함께 안아주면 더 좋을 것이다.

"일하랴, 자식 키우랴. 네가 수고가 많구나."

따뜻한 말 한 마디를 가슴으로 전달하면 얼마나 힘이 되겠는가.

부모의 권위를 세워주는 할머니

무엇보다 부모의 권위를 세워주는 것이 좋겠다. 할아버지 할머니가 부모님의 권위를 존중하고 세워주는 모습을 보면, 아이들은 엄마 아빠에게 순종하기가 더욱 쉽다. 아이들에게 좋은 교육을 하려면 조부모의 태도가 중요하다.

'손주들의 부모는 내가 아니다. 그러므로 자식들의 양육 태도를 존중하고 그에 맞추어야겠다.'

이런 마음만으로도 충분하리라 믿는다. 이렇게 하면 아이들은 안정감 있게 성장한다. 부모와 조부모가 두 겹으로 함께 친 울타리 안에서 보호받기 때문이다. 만약 부모와 조부모의 양육 태도와 교육관이 충돌한다면 아이들의 울타리는 허물어진다. 그렇게 불안과 혼돈 속으로 귀한 아이들을 내모는 일은 절대로 하지 말아야겠다.

할아버지가 땋아준 머리를 날리면서 조부모와 함께 오래 살았던 내 조카도 이제 엄마가 되었다. 저녁 찬거리를 사러 마트에 들르면, 자기도 모르게 사탕 코너를 맴돌며 무심코 사탕 두 봉지를 사게 된단다. 할아버지 할머니께 선물하던 습관 때문이라고 했다.

기침하던 할아버지께서 쓴 약을 먹을 때마다 사탕 하나를 갖다드리고, 이가 안 좋으신 할머니에게 젤리를 드리던 조카는, 늘 할머니 서랍 속 사탕이 떨어지지 않았는지 확인했다. 자기 용돈을 모아서 사탕과 젤리를 사오는 손주가 할아버지 할머니는 얼마나 예뻤을까.

이제 네 자녀의 엄마가 된 조카는 할아버지 할머니에게 특별한 사랑을 받은 기억이 많아서, 시부모님과 친정부모님께 자주 전화 드려 인사시키고 찾아뵈었다. 조카 손주들은 양가 할아버지를 정말 좋아하고, 할머니들을 잘 따른다. 뿐만 아니라 손주들의 재롱을 보면서 고단함을 잊는다고 말씀하시는 양가 부모님께 자기 아이들이 얼마

나 큰 선물인지 알기 때문에 아이들을 데리고 자주 찾아뵙고 연락도
자주 한다고 한다.

오늘도 조카는 마트 사탕 코너에서 자기도 모르게 사탕봉지를 집
어들고 눈물을 닦는다.

'할머니 할아버지가 이제 안 계시는구나. 사탕은 여전히 이렇게 많
은데….'

에 / 필 / 로 / 그

완두콩 다섯 알
이야기

어렸을 때 읽은 안데르센 원작 《완두콩 다섯 알》 이야기를 나는 무척 좋아했다. 완두콩은 제각각 원하는 곳으로 날아갔다. 어느 콩은 더 멀리 더 높은 곳으로 가고 싶어 했고 그냥 아무 데나 날아가겠다는 콩도 있었다. 그런데 막내 완두콩은 자기 도움이 필요한 곳으로 날아가기를 소원했다. 막내 완두콩은 병든 소녀의 창가에 떨어진다. 그곳에서 싹을 틔우고 꽃을 피워 외로운 소녀에게 희망을 주어, 결국 병상에서 누운 소녀를 일으킨다. 다섯 알 모두 누군가에게 도움을 주고 싶어서 날아가기를 소원했다면 얼마나 좋았을까.

엄마인 나는 완두콩 껍질과 같다. 세 명의 아이를 품에 품고 탱글탱글하게 양육했다. 영양을 공급하고, 새나 벌레의 공격으로부터 보호했다. 그리고 이제 잘 익은 콩들을 튕겨내듯이 세상을 향해 아이들을 쏘아 보내야 할 시기를 맞이했다. 그런데 다섯 알 모두에게 진정한 삶의 의미를 가르쳐주지 못한 채 보내버린 동화 속 콩깍지와는 조금 다르다. 나는 자녀가 내 품에 있을 때 그들에게 의미 있는 삶을 열심히 가르쳤다.

"너는 무의미하게 태어나서 무의미하게 살다 갈 그런 인생이 아니란다. 너는 자신의 명예와 안락만을 추구하며 살 그런 인생이 아니란다. 누군가에게 도움이 되는 사람이 되거라. 많은 사람에게 소망을 주고, 어두운 세상에 빛이 되는 삶을 살아야 한다."

"너는 진리를 전하고 정의를 실현하는 삶을 살도록 부르심을 받은 아이다. 그래서 성실한 생활 태도를 훈련하고, 바른 가치를 배우며, 재능과 은사를 계발하고, 열심히 공부하는 것이란다."

시간이 될 때마다 아이들에게 말해주었다.

나는 한 알의 콩을 이미 쏘아 보냈다. 큰아이는 스스로 날아갈 곳을 선택했다. 밝고 아름다운 영상으로 따뜻한 세상을 만들기 위해 미디어 분야로 날아갔다. 둘째도 하나님의 창조를 멋지게 보여주는 예술계를 향해 날아갈 것이다.

아직은 날아갈 날이 먼 막내아들이 영성 수련회를 다녀와 식사를 마치고 식탁에 앉아 긴 대화를 시작했다. 아들은 수련회를 왜 가고 싶었는지, 가서 누구를 만났는지, 어떻게 새로운 친구를 사귀었는지, 예배와 말씀을 통해 하나님은 자신에게 무엇을 말씀하셨는지를 길게 설명했다. 재미있게 이야기하던 아들이 다음 말을 주저했다.

"엄마, 그런데 한 가지…."

"왜? 무슨 말인지 모르지만 나에게는 말해도 돼."

"엄마, 제가 나중에 진리를 따라 살다가 고난을 받아도 힘들어하지 마세요."

"혹 네가 순교할 상황이 되어도 힘들어하지 말라는 얘기지?"

"뭐, 꼭 순교까지는 아니어도 세상에서 올바르게 살려면 고난이 있잖아요. 그런 나 때문에 엄마가 힘들어하지 않았으면 해서요."

어려서부터 순교자적 삶을 살겠다고 하더니 이번 청소년 수련회에서 아마도 구체적인 방향을 정했나보다. 아들은 벌써부터 엄마의 마음을 아프게 할까봐 조심스레 말했다. 나는 사랑스런 아들의 눈을 바라보며 대답했다.

"네가 아프면 엄마도 힘들 거야. 아들을 사랑하는 엄마로서 당연히 힘들겠지. 그래도 너는 너의 길을 가야 해. 너의 부르심을 따라 살도록 해."

나는 세상 속에서 올바른 그리스도인으로 사는 사람들의 고충과 인내를 안다. 각 영역에서 하나님의 나라를 이루기 위해 애쓰는 그리스도인들이 받는 고난을 안다. 나는 또 그런 사람들이 맛보는 기쁨과 보람도 안다. 하나님나라의 의와 희락과 평강을 구하는 그리스도인이 점점 많아졌으면 좋겠다. 그런 소원을 품은 다음 세대가 많이 일어나길 기도한다.

우리 가정에서도 그 세대가 나와야 한다. 바로 우리 자녀들이다.

나는 우리 자녀가 세 명뿐인 것이 아쉽다. 더 많이 낳고 길러 사회 각 영역에 빛으로, 진리로, 생명으로, 위로로, 도움으로, 사랑으로 쏘아 보냈어야 했는데, 세 명으로 그쳤다. 그러나 희망이 있다.

이 땅에 무수히 많은 그리스도인의 가정에서 아이들이 자라고 있기 때문이다. 정치와 경제, 과학기술과 교회, 교육과 매스미디어 그리고 가정과 예술 분야로 부르심 받은 아이들이 자라고 있지 않은가.

또 자녀들에게 자신만이 아닌 이웃에게 도움이 되라고 가르치는 그리스도인 부모들이 많아서 이 세상은 희망이 있다. 하나님의 공의와 선함, 그분의 능력과 거룩함, 지혜와 하나님의 주권, 사랑과 아름다움으로 사회 각 영역에 들어가서 이웃을 섬기라고 가르치는 부모가 많지 않은가.

하늘의 별과 같고 바다의 모래와 같은 주님의 자녀들이 그들의 가정에서 준비되고 있다. 그들은 성문에 올라가 원수와 담판할 것이다. 그들이 대적의 성문을 차지할 것이다. 그리고 승리의 깃발을 사방에서 흔들 것이다.

내가 네게 큰 복을 주고 네 씨가 크게 번성하여
하늘의 별과 같고 바닷가의 모래와 같게 하리니
네 씨가 그 대적의 성문을 차지하리라
창세기 22장 17절

하나님 아이로 키워라

초판 1쇄 발행	2015년 3월 30일
초판 24쇄 발행	2024년 4월 19일

지은이　박현숙

펴낸이	여진구		
편집	이영주 박소영 최현수 안수경 김도연 김아진 정아혜		
책임디자인	마영애 ｜ 노지현 조은혜 이하은		
홍보·외서	진효지		
마케팅	김상순 강성민	마케팅지원	최영배 정나영
제작	조영석 허병용	경영지원	김혜경 김경희

303비전성경암송학교 유니게 과정
이슬비전도학교 / 303비전성경암송학교 / 303비전꿈나무장학회

펴낸곳　규장

주소 06770 서울시 서초구 매헌로 16길 20(양재2동) 규장선교센터
전화 02)578-0003　팩스 02)578-7332
이메일 kyujang0691@gmail.com　　홈페이지 www.kyujang.com
페이스북 facebook.com/kyujangbook　인스타그램 instagram.com/kyujang_com
카카오스토리 story.kakao.com/kyujangbook
등록일 1978.8.14. 제1-22

ⓒ 저자와의 협약 아래 인지는 생략되었습니다.
이 출판물은 저작권법에 의해 보호를 받는 저작물이므로 무단 전재와 무단 복제를 할 수 없습니다.

책값 뒤표지에 있습니다.
ISBN 979-89-6097-399-2 03230

규 | 장 | 수 | 칙

1. 기도로 기획하고 기도로 제작한다.
2. 오직 그리스도의 성품을 사모하는 독자가 원하고 필요로 하는 책만을 출판한다.
3. 한 활자 한 문장에 온 정성을 쏟는다.
4. 성실과 정확을 생명으로 삼고 일한다.
5. 긍정적이며 적극적인 신앙과 신행일치에의 안내자의 사명을 다한다.
6. 충고와 조언을 항상 감사로 경청한다.
7. 지상목표는 문서선교에 있다.

하나님을 사랑하는 자 곧 그의 뜻대로 부르심을 입은 자들에게는 모든 것이 合力하여 善을 이루느니라(롬 8:28)

규장은 문서를 통해 복음전파와 신앙교육에 주력하는 국제적 출판사들의
협의체인 복음주의출판협회(E.C.P.A:Evangelical Christian Publishers
Association)의 출판정신에 동참하는 회원(Associate Member)입니다.